讓你從股價判讀中獲得超額報酬

霍華·馬克斯、《致富心態》作者摩根·豪瑟——推薦必讀

解讀
市場預期

麥可·莫布新
Michael J. Mauboussin

阿爾福雷德·拉波帕特
Alfred Rappaport

著

Expectations Investing

CONTENTS

重構估值方法的時代之作

亞斯華斯・達摩德仁（Aswath Damodaran）

《打破選股迷思的獲利心法》作者

有些構想相當強大，而且很明顯，第一次聽到或讀到的時候，你會感覺有點挫折，自問為什麼沒有先想到。這是我在將近20 年前第一次讀到《預期投資法》（*Expectations Investing*）時的反應。我跟這兩位作者很熟，讀過阿爾福雷德談到股東價值、將會計和股價連結起來的作品，以及麥可融合心理學、統計學和一般常識來提供新見解的研究報告。

身為在價值評估領域長期深根的人而言，這本書重新架構「公司值多少價值」這個問題，從給定基本面下的估計值，到隱含背離基本面的市場價格。雖然這兩種方法在數學上幾乎沒有差別，但是重新架構這個問題可以達成兩項任務。第一，它是以經營成功為條件，將市場為一家公司付出的價格與公司必然發生的事情連結起來，強化基本面與公司價值之間的關係，證明這個價格是合理的，而且可以更容易進行評估。第二，這會迫使評估的價值回到基本面，因為就像阿爾福雷德和麥可用簡約的模型所顯示的情況，只有少數的槓桿可以驅動價值。

當我閱讀到這本書的新版時，顯然阿爾福雷德和麥可正在為我們所處的時代寫下一本書，更加關注在破壞性、它創造的價值和破壞的價值，以及可以從中得到利益的用戶／訂閱者平台，並因此可以提供選擇。對於投資人與分析師來說，超越貼現現金流量評估模型（discounted cash flow valuation）來研究實質選擇權（real option）是必讀的部分，因為它不只提供一個可用來增加內在價值（intrinsic value）的工具，也提供實用的使用方法。雖然達美樂比薩（Domino's Pizza）的例子很好的說明預期投資法在傳統價值架構下的威力，但如果你懷疑應該如何評估科技公司的價值，那麼真實選擇權那章裡 Shopify 的案例可能會改變遊戲規則。

我注意到本書第一版是由彼得・伯恩斯坦（Peter Bernstein）撰寫推薦文，他是數十年來投資思維與寫作最好的代表人士。我不是彼得・伯恩斯坦，但是我相信如果他還在世，他會寫出比當時更為熱情的推薦文。

解讀市場預期的投資策略

　　股價是了解市場對一家公司未來業績預期的資訊寶庫，能夠適當解讀市場預期，並預測到預期修正的投資人，取得優異投資績效的機率就會增加。許多投資人認為自己做決定時已經考量所有的預期，但是很少人嚴格而明確的確實去做。

　　預期投資法的基本原理跟我們在 20 年前出版的第一版相同，但因為世界上有很多事情已經不同了，這使得預期投資法流程比過去更為有用。以下是一些最明顯的改變：

● **從主動投資轉向被動投資**：在二十一世紀之交，投資人把數兆美元的資金投注在傳統的指數型基金與在交易所交易的基金（ETFs），並從主動管理的基金中撤出上兆美元。追蹤美國指數的指數型基金和 ETFs 現在比主動選股的基金擁有更多資本。留在市場上的主動型基金經理人必須取得最好的工具。我們相信，預期投資法可以提供獲得超額報酬的捷徑。

● **無形資產投資的興起：** 1990 年代初期，美國無形資產的投資首度超越有形資產投資，這個趨勢仍然持續，而且今日的公司投資在無形資產上的比重比有形資產上的投資更多。這很重要，因為無形資產的投資通常會在損益表上列為費用，而有形資產的投資則會在資產負債表上列為資產。投資人必須把支持事業的必要費用與未來成長的投資分開來看。了解一家公司的投資金額與這些投資是否有可能創造價值，對於預測預期是否會修正至關重要。此外，有些學者已經證明，無形資產比過往更為興起，使得每股盈餘（earnings per share）愈來愈無法用來衡量公司的業績表現。

● **從公募股權轉向私募股權：** 今天在美國上市的公司比 2001 年少了大約三分之一，同個時期，創投和收購產業蓬勃發展。不管是公開市場還是不公開市場裡的投資人，預期投資法提供一個架構可以讓大家有更高的機率找出讓人心動的投資機會。

● **會計準則的改變**：1990 年代，股權激勵制度（stock-based compensation, SBC）主要包括沒有在損益表認列為費用的員工認股權。今天，股權激勵制度主要是以限制型股票（restricted stock units）的形式列為費用。報酬的形式和計算方式都已經改變。此外，2001 年修訂併購的會計準則，終結權益結合法（pooling-of-interests method），並消除對商譽的攤銷。預期投資法追蹤現金，而非盈餘，這使得各企業與不同的時間點都可以相互比較。

大多數的投資人體認到，用來證明買進和賣出決策的股價評估是根據一家公司對未來財務表現的預期。同樣的，企業高階經理人一般也會對銷售、營業利益與公司在未來三到五年的資金需求做出預測。採用預期投資法的投資人和企業高階經理人會以一種有系統而穩健的方法，來比較他們的預期與市場的預期。

這本書要提供預期投資法的威力給基金經理人、證券分析師、投資顧問、散戶和商學院學生。預期投資法也引起企業界很大的興趣。就像投資人可以使用預期投資法來指引投資決策一樣，企業高階經理人也能夠利用這個方法來挑選適當的行動，來利用預期的不一致性。

第一章要說明使用預期投資法的理由，並解釋為什麼傳統著重短期盈餘和本益比的分析是在追逐錯誤的預期。在本書 PART 1（第二章到第四章）的〈打開工具箱〉中，我們會介紹應用預期投資法必須使用的工具。第二章顯示股票市場預期是基於一家公司的長期現金流量，而且要證明如何使用這個模型來估計股東價值。第三章介紹預期的基礎架構，這個強大的工具可以幫助投資人辨識出預期修正的潛在來源。第四章則提供競爭策略的架構，可以用來提高正確預測預期改變的機率。

第五章到第九章（PART 2〈開始執行〉）會呈現應用這些構想的方法。第五章、第六章和第七章描述的預期投資法流程三步驟是這本書的核心。第五章概述第一個步驟，估計用來證明一家公司股價的市場預期。這個步驟讓投資人在不用負擔長期預測下，利用貼現現金流量模型的力量。第六章將前幾章的工具集結起來，用來辨別當前預期可能的修正情況。投資機會就奠基在這些修正上。第七章是這個流程的最後一個步驟，是要建立一個買進、賣出和持有股票的決策標準。在分析大多數公司的股票時，你都必須使用預期投資法的三個步驟。

某些公司，包括正在經歷巨變的新創公司或既有公司，都需要進行額外的分析，因為僅憑現有事業的現金流量並無法證明股價是合理的。第八章介紹實質選擇權的方法，來估計這些公司未來機會不確定的潛在價值。第九章把公司分成實體產品型事業、服務型事業或知識型事業等類別，每個類別都有不同的特徵，我們會呈現出預期投資法如何應用在跨經濟領域裡的所有公司。

最後，在第十章到第十二章（PART 3〈解讀企業訊號和投資機會〉），我們會檢視併購、買回庫藏股和公司行動或事件，這些事件往往會提供投資人重要訊號。第十章要呈現如何藉由超越盈餘和專注在價值上來評估併購交易，並顯示出管理階層進行併購交易的方法表現出怎樣的公司前景。第十一章討論買回庫藏股，這是一個經常被誤解的話題，而且要介紹買回庫藏股的黃金法則特性。第十二章回顧使用預期投資法的機會來自何處，這是根據我們應用預期投資法概念的經驗所得出的結果。

歡迎造訪我們的網站：www.expectationsinvesting.com。

第一章

一切從股價開始

對於市場預期一家公司未來的財務表現，股價是最清楚、最可靠的訊號。投資成功的關鍵是估計隱含在目前股價的預期業績水準，然後評估預期修正的可能性。大多數投資人都會同意這些構想，但是很少有人可以正確執行這個過程。

打開 CNBC 頻道或閱讀任何流行的財經雜誌，你會得到一個熟悉的故事。成長型基金經理人會解釋說，她在尋找經營良好、盈餘成長快速、本益比合理的公司。價值型經理人則是會頌揚以低本益比買進高品質公司的優點。這些事情每天都在發生。

但是想想這些投資人實際上說出的話。當成長型基金經理人買進一檔股票時，她是打賭股票市場並沒有完全反映公司的成長前景。價值型基金經理人則是打賭市場低估這家公司的內在價值。在這兩個案例中，他們相信市場目前的預期是錯的，而且股價很可能會向上修正。

　　儘管投資人確實在談論預期，但他們通常談的是錯誤的預期。錯誤落在兩個地方，投資人不是不了解市場預期的基礎架構，就是對預期的基準點有很差的判斷。

　　關注短期盈餘是基礎架構上的一種錯誤範例。短期盈餘對於衡量預期並不是非常有幫助，因為他們無法很好的代表市場評估的股票價值。但是即使是採用適當經濟模型的投資人，往往也會錯過目標，因為他們無法把他們預期的基準點拿來與市場比較。如果不知道他們今天的預期在那裡，就很難知道明天的預期可能會到哪裡。

　　本書的核心主題是，正確解讀市場預期並預測這些預期如何修正的能力，是取得出色長期報酬的開端。股票價格表達出投資人的集體預期，而且這些預期的改變會決定投資是否會成功。

　　從這個角度來看，股價是等著你打開和使用的資訊大禮，如果你已經清楚了解當前的預期，你就能評估他們可能會去哪裡。就像是偉大的曲棍球運動員韋恩・葛雷茲基（Wayne Gretzky）一樣，你可以學習「滑到曲棍球要去的地方，而不是曲棍球去過的地方。」[1] 這就是預期投資法。

與標準做法截然不同的是，預期投資法是一套選股流程，它使用市場自己的訂價機制（貼現現金流量模型），而且有個重要的轉折：預期投資法不是預測現金流量，而是藉由解讀隱含在公司股價中的預期開始。[2] 它還顯示出預期的修正如何影響股價。簡單來說，預期投資法使用正確的工具來評估正確的預期，做出正確的投資選擇。

為什麼要在現在討論呢？我們需要將價格隱含的預期納入投資決策中，因為現在面臨的風險比以往還高。考量以下的情況：

● 將近 6000 萬美國家庭，也就是幾乎二分之一的家庭都擁有共同基金。還有更多人是透過持有股票、自己管理的退休帳戶直接持有股票，或是透過退休金計畫間接持有股票來參與股票市場。在世界各地，預期投資法可以提供投資人一套選股的完整架構，或最起碼可以提供一套有用的標準，讓投資人可以判斷他們雇用的基金經理人所做出的決策。

● 使用過時分析工具的基金經理人面臨績效不佳和失去管理資產的風險。例如，隨著對無形資產的投資現在超過對有形資產的投資，每股盈餘變得更不重要。

● 預期投資法適用整個經濟界（實體產品事業、服務型事業和知識型產品事業）與各種投資風格（成長型與價值型）。

● 因為低交易成本或無交易成本、資訊取得更便利，以及對主動型基金經理人令人失望的績效所吸引，一些散戶避開共同基金，轉而管理自己的投資。如果你目前正在管理自己的投資，或是考量這樣做的可能性，預期投資法能夠讓你提高取得優異績效的機率。

● 評估與併購融資、買回庫藏股和股權激勵制度發行新股的重大公司決策時，比以往任何時候都更需要明智的探究對公司股價的潛在影響。發行股票或買回庫藏股的決策也許會提供市場一個修正預期的訊號，預期投資法提供一套解讀和評估這些修正是否合理的方法。

　　預期投資法是一套在公司財務原則上的實務應用，很多公司幾十年來一直在使用。這個過程也融合價值創造和競爭策略分析的概念。我們把這些構想整合到一個強大的投資人工具包中。

　　主動型投資要取得成功是很困難的。世界各地的證券法規都力求能即時提供所有投資人重要的資訊，因此很難獲得資訊優勢。而且持續不斷的創新、更多的全球競爭，以及無法預見的外部衝擊，例如 2020 年的全球疾病大流行，都導致不確定性明顯增加。預期投資法能把這種高度不確定性轉換成投資機會。

主動投資的挑戰與機會

大多數法人和散戶的投資報酬率都比反映標準普爾 500 指數等大盤指數的被動型基金報酬率來得低。事實上，管理大型股基金的主動型基金經理人績效表現，有大約三分之二都落後標準普爾 500 指數每年平均的表現，而且有將近 90％的基金超過十年績效落後。[3]

投資績效在扣除手續費前是一個零和遊戲，因為打敗大盤的投資人收益，會與打輸大盤的投資人虧損抵銷。在這樣的世界，我們預期專業的投資人會獲利，不專業的投資人會虧損。但是這個任務已經變得更加困難。舉例來說，衡量績效最好與績效最差的經理人差異是超額報酬的標準差，這個數字自從 1970 年代以來就一直在縮減，儘管投資人的絕對專業已經提高，但是投資人之間的相對專業卻在拉近。[4]

為什麼法人的績效會比被動的績效基準點來得差？主動型管

理真的有額外報酬嗎？如果真的有，最有可能提供優異報酬的方法是什麼？

在我們解決這些問題之前，這裡有個重要事實：專業管理的基金出現令人失望的表現，並不是要指責主動管理策略，而是反映出很多主動型投資的專業人士使用的是次佳的策略。[5] 我們相信預期投資法提供一套強大的流程，可以讓投資人取得優異的報酬。

我要說清楚，主動投資並不容易。如果你想要避免表現得比大盤差，而且又對大盤的績效很滿意的話，你應該選擇低成本的指數型基金和 ETF。即使是最精明勤奮的投資人也很難持續打敗市場，而且預期投資法並沒有提供致富的捷徑。但是這個方法可以幫助所有主動選股的投資人發揮潛力。

現在讓我們看看法人表現比被動型投資的基準還差的四個主要原因，包括工具、成本、動機和投資風格局限。我們會看到預期投資法如何減輕這些個別限制的影響。

工具

一般做法： 大多數投資人使用會計為主的工具，像是短期盈餘和本益比。這些衡量指標天生就有缺陷，而且隨著許多公司愈來愈仰賴以無形資產創造價值，而非有形資產創造價值時，這些指標愈來愈不實用。本章最後一節會詳細說明把盈餘當作市場預期不當的代理變數會有什麼缺點

預期投資法：引進金融理論來確認市場的預期。然後利用適當的競爭策略架構，幫助投資人預測預期的修正。

▌ 成本

一般做法：已故的先鋒集團（The Vanguard Group）創辦人約翰・伯格（John Bogle）找出共同基金的表現與成本的關聯，證實「想要績效在前四分之一，最可靠的途徑就是費用在最低的四分之一」。[6]主動管理的美國基金，資產加權費用率占資產價值大約 0.68％。相對而言，被動管理的基金相同的費用率占資產價值 0.09％。[7]

預期投資法：對買賣股票建立嚴苛的標準，因而使股票投資組合的周轉率更低、降低交易成本，而且減少稅負。

▌ 動機

一般做法：基金受益人通常會把每季報酬與標準普爾 500 指

數等基準指數的表現拿來比較。基金經理人通常會擔心，如果沒有達到他們可接受的短期績效，就會失去大量資產，甚至有可能失去工作。短期無法承受的痛苦會影響長期獲取優異績效的機會。很多經理人自然會執著在短期相對報酬。

這樣的結果導致基金經理人從辨認出定價錯誤的股票，變成想要讓績效與基準指數的差異達到最小。確實，在最近幾十年來，用來衡量投資組合績效與基準指數表現差異的主動投資比例（active share）正在逐步減少。這使得比基準指數和指數基金績效更好的機率變得更低。

預期投資法：會改善長期打敗基準指數的機率，提供基金經理人可以突破這個體系，並採納更為有效的分析工具。

▌投資風格局限

一般做法：大多數專業的基金經理人會把自己的投資風格歸類為成長型或價值型。成長型的基金經理人專注在營收和獲利快速成長，而且一般會買賣本益比很高的公司。價值型基金經理人則是尋找股價大幅低於預期價值、而且本益比通常較低的公司。重要的是，產業內的投資顧問不鼓勵基金經理人偏離他們既定的投資風格，因此局限可接受的投資股票範圍。

預期投資法：不會區分成長型和價值型。基金經理人只是在特定的投資政策內追求最大的長期報酬。就像華倫‧巴菲特充滿說服力的說法：「市場評論員和投資經理人口口聲聲把『成長型』和『價值型』投資風格視為有鮮明差異的投資方法，這只是顯示出他們的無知，而不是他們的見多識廣。成長只是價值方程式的組成部分，通常是加分項，有時也會扣分。」[8]

預期投資法不僅有助於辨識出價值低估的股票，而去買進或持有，還能辨識出價值高估的股票，在投資人的目標範圍中避開或賣出。

預期投資法是否會為專注而有見識的投資人提供取得優異報酬的合理機會？我們認為是這樣沒錯。

1976 年，投資業界的傑出領導人傑克‧特里諾（Jack Treynor）將構想區分為「涵義直接明確的構想」與「需要反思、判斷、特殊專業等等來做出評估的構想」。他認為，後者的構想是「對『長期投資』唯一有意義的定義。」[9]

當一家公司宣布獲利不符預期、併購、一種新藥或政府採取的反壟斷行為時，對長期價值評估的影響很少會很明顯。不過投資人會很快評估對目前股價有利或不利的影響，並以此為根據進行交易。毫不意外的是，在這些消息宣布之後，交易量通常會增加。股價的波動和交易量的增加證實，投資人很快會對這樣的資訊做出反應。但是區分贏家和輸家的並不是他們的反應有多快，而是他們理解這項資訊的程度。投資人對相同的資訊有不同的解釋，而且有些解釋比其他解釋來得好。

換句話說，股價很快反應出預期的修正、但也許會錯估預期。為了投資成功，投資人必須先熟練對預期的解讀，然後使用可取得最好的工具來決定今天的預期是否會改變，以及如何改變。歡迎來到預期投資法的世界。

預期投資法流程

在接下來的章節中，我們會仔細帶你完成預期投資法的三個步驟。

▍第一步：估計股價中隱含的預期

我們首先以長期貼現現金流量模型來解讀隱含在股價裡的預期。因此，我們扭轉以盈餘或現金流量預測開始去估算價值的一般做法。這種逆向工程的好處包括：

- 長期貼現現金流量模型是解讀預期的適當工具，因為它反映出市場為股票訂價的方法。
- 預期投資法解決投資人面對不確定性加劇的世界所產生的兩難，讓他們可以在不用預測長期現金流量的情況下利用貼現現金流量的力量。
- 投資人可能不清楚有沒有投資機會，因為目標是簡單了解市場對財務預期的訂價。

▌第二步：辨識預期的投資機會

一旦我們估計當前的預期，就可以應用適當的策略和財務工具來決定預期可能會發生修正的地方和時間點。以下是使用這個方法的好處：

- 預期投資法是一種方法，展現出股價對公司的銷售、營業成本或投資需求的修正是否最敏感，這會讓投資人專注在最重要的潛在修正要素。

- 在投資人尋找潛在預期修正時，預期投資法提供可取得最好的競爭策略框架。

- 預期投資法提供一些工具，用來評估所有上市公司和私人擁有的公司，包括仰賴有形資產或無形資產的公司、價值型或成長型公司、以開發市場或開發中市場，以及新創事業或既有企業。預期投資法普遍適用於各個公司。

▌第三步：買進、賣出或持有？

最後，這個流程界定明確的買進和賣出決策標準。重要的特徵包括以下幾點：

- 潛在買家必須提供一個明確的「安全邊際」（margin of safety），這是對預期價值的一種夠多的折價，可以用來彌補分析錯誤或運氣不佳的潛在影響。同樣的，潛在賣家必須用比預期價值還高夠多的溢價來賣出股票。

- 行為金融學的重要見解可以幫助投資人避開決策陷阱。

- 使用要求很高的買賣門檻可以降低交易成本與所得稅費用。

傳統分析不再有效

1938 年，約翰・伯爾・威廉斯（John Burr Williams）出版一本名為《投資價值理論》（*The Theory of Investment Value*）的書，開創性的闡述貼現現金流量模型在建立價值上的有效性。威廉斯充滿說服力的解決投資人對長期貼現現金流量模型太過複雜、不確定與不切實際的擔憂。[10] 儘管從那時之後，金融理論已經有出色的進展，但是很多投資人仍然放棄這個模型，以及使用所有可取得的金融工具和策略工具來應用這個模型。

接下來幾章要對預期投資法進行完整說明，並呈現出預期投資法相較於廣泛使用的投資工具所展現的優越性。但是有三個投資界普遍存在的誤解值得在這裡特別提出來，包括：

1. 市場採取短期的觀點。
2. 每股盈餘決定公司的價值。
3. 本益比決定公司的價值。

這些謬誤導致投資人去追逐錯誤的預期，並有可能導致績效不佳。現在就來逐一檢視這些誤解。

▌ 事實 1：市場採取長期觀點

大多數投資人和企業經理人認為，股價的基礎是短期的財報盈餘，而不是長期的現金流量。為什麼？有三種合理的解釋。

首先是誤解股市對盈餘公告的反應。當各季盈餘的公告提供投資人一家公司長期現金流量前景的新資訊時，股價會改變。但是市場並不會對財報的盈餘做出機械性的反應。相反的，它會用出乎意料的盈餘結果，以及愈來愈常看到管理階層對未來盈餘的預期，在適當時作為修改一家公司未來現金流量訊號。如果市場把讓人失望的盈餘表現或盈餘預期解讀為長期衰退的訊號，就會導致股價走低。[11]

其次，長期前景優異的企業股票並不會一直出現優異的股東報酬。認為股價會完整預測公司業績表現的股東應該會預期得到市場要求的報酬率。精明的投資人能夠藉由預測公司競爭地位的改變，以及藉由股價尚未反映由此產生的現金流量變化，賺到優異的報酬率。

最後，股市評論員經常以投資人持股相對較短來支持他們的信念，認定市場為短期導向。舉例來說，自 2000 年網路泡沫高峰以來，即使資產加權基金的周轉率一直在減少，高頻交易和量化交易基金在今天仍舊比過去幾代的表現更為突出。[12] 持有一檔股票只有幾個月、甚至幾天的投資人，會關心一家公司的長期前景嗎？

這個明顯的難題有個簡單的答案是：投資人的持股期間與市場投資的時間範圍並不同。要了解市場投資的時間範圍，你必須察看股價，而不是投資人持股期間。研究證實，你必須將預期現金流量延長到很多年，才能證明股價是合理的。投資人是對長期的表現下短期的賭注。

我們怎麼知道市場採取長期的觀點？最直接的證據來自股價本身。我們能夠估計今天股價所隱含的現金流量預期水準和持續期間。事實證明，大多數的公司需要可創造價值的現金流量超過十年，來證明股價是合理的。

間接證據來自於今天的股價有多少的比例可以歸咎於未來五年預期的股息。在道瓊工業平均指數（Dow Jones Industrial Average）裡的成分股中，大約只有10%至15%的股票價格來自未來五年的預期股息。[13]

事實 2：每股盈餘幾乎無法說明公司價值

不可否認，投資界和企業經理人都會關注每股盈餘。舉例來說，學者對財務長進行調查，總結出他們對於財報的反應是：「盈餘為王。」[14]《華爾街日報》和其他媒體花了很多時間討論銷售成長、單季每股盈餘，以及本益比。對於盈餘公告這種廣泛傳播和頻繁出現的市場反應可能會讓一些人相信，財報盈餘如果不能完全決定股價，也會強烈影響股價。

然而，盈餘和長期現金流量之間的巨大差異不僅強調為什麼盈餘不是代理預期很好的變數，而且還說明為什麼盈餘的向上修正並不必然會拉高股價。盈餘的缺點包括：

● 盈餘不包括資金成本的費用。

● 盈餘不包括支持公司成長所需的營運資本與固定資本投資增加。

● 公司可以使用同樣可接受的替代性會計方法來計算盈餘。

貼現現金流量模型和股價說明貨幣的時間價值：今天的一美元比一年後的一美元更值錢，因為我們可以拿今天的美元去投資，到隔年賺取報酬。當一家公司進行投資時，它必須比較其他相同風險下投資機會的報酬。這種機會成本，或是說資金成本，是貼現現金流量模型的貼現率。相較之下，盈餘的計算忽略這種機會成本和金錢的時間價值。

在貼現現金流量模型中，只有這家公司在新投資賺到的報酬率超過資金成本時，價值才會增加。重要的見解是，一家公司可以在不高於資金成本的情況下進行投資，來增加盈餘。（本章最後的附註提供詳細的例子。）因此，更高的盈餘並不會總是轉換成更高的價值。

考量第二個區別，即所需的營運資本和固定資本投資。盈餘不會被認列為用來投資在讓未來成長的現金流出，像是應收帳款、存貨和固定資產的增加。相比之下，貼現現金流量模型包含所有現金流入與流出。舉例來說，速食休閒連鎖餐廳（fast-casual restaurant chain）Shake Shack 2019 年財報的淨利是 2410 萬美元，現金流量則是負 1670 萬美元（見表 1.1）。無論觀察短期或長期，第一個數字可以告訴你第二個數字的資訊非常少。

最後，很多公司可以使用各種可被許可的方法來決定盈餘。會計師認列一項商業活動的方式並不會改變商業活動本身，或是改變商業活動對股東價值的影響。

表 1.1 Shake Shack 公司的盈餘與現金流量認列對帳單

（2019 年，單位：千）

	盈餘	調整	現金流量
銷貨收入	$594,519		
＋應收帳款改變		10,726	$605,245
營業成本	（446,607）		
－其他資產增加		（8,583）	
＋其他負債增加		（19,595）	（474,785）
＋折舊與攤銷費用		40,704	
－非現金租賃成本		40,068	
－資本支出		（106,507）	（25,735）
＋股權激勵制度支出		7,505	
總務與管理費用	（65,649）		
折舊	（40,392）		
開業前成本	（14,834）		
其他成本	（1,352）	968	（113,754）
其他所得，淨值	2,263		
利息費用	（434）		1,829
所得稅費用	（3,386）		
－遞延所得稅		（6,064）	
認股權應稅收入減免			（9,450）
財報淨利	$24,128		
現金流量			（$16,650）

資料來源：Shake Shack 年報

開明的會計師會很爽快地承認，不論是他們還是他們的慣例，對於評估一家企業而言都 有比較優勢。公司財報的作用是要對估計的價值提供有用的資訊。

營收認列，以及費用與營收的搭配，是決定盈餘的兩個基本步驟。一家公司在交付產品或服務時認列營收，而且可以合理的確認從客戶中收到的金額。然後在認列營收的期間，將產生這項營收所需的成本認列為費用。換句話說，費用與營收搭配。這種搭配原則在概念上很容易理解，但是在執行上可能完全是隨機的行為。

會計準則在營收認列、折舊力法與庫存會計上讓企業有自由選擇的空間，這只是幾個例子。

▍ 事實 3：本益比來自公司價值

投資界最喜歡的價值評估指標就是本益比。[15] 這是衡量投資人為一檔股票付出的價格是否合理，也就是股價（price, P）除以公司每股盈餘（earnings per share, E）的倍數。投資人把這個數字納入一個看似簡單的價值評估公式：

每股股東價值 = 每股盈餘 × 本益比

　　由於可以得到每股盈餘的估計值，投資人必須決定只以適當的盈餘倍數來確定股票價值，然後把股票的價值與目前股價比較，並評估股價是否低估、高估，或是與評估的價值相當。這個計算很容易，但是結果卻讓人失望。

　　仔細看這個公式。因為我們知道去年的每股盈餘或大家對明年每股盈餘估計值的共識，所以我們只需要估計適當的本益比。但是因為我們有分母（每股盈餘，E），唯一不知道的是適當的股價，也就是 P。因此，我們留下一個沒有用處的套套邏輯：為了估計價值，我們需要價值的估計值。

　　這種有缺陷的邏輯強調一個基本觀點：本益比不會決定價值，而是來自於價值。本益比分析不是分析的捷徑，而是經濟的困境。

重點整理

● 能夠解讀市場預期並預測這些預期改變的投資人，很有可能會得到優異的投資報酬。

● 預期投資法利用強大的貼現現金流量模型，但卻是從價格開始，接著解決現金流量預期的問題。

● 玩盈餘預期遊戲的投資人很有可能會虧錢，因為短期盈餘並無法反映市場評價股票的方法。

盈餘成長和價值創造

　　讓我們看看為什麼盈餘成長和股東價值成長並不是同義詞。以一家叫做盈餘成長的公司為例。為了簡化計算，假設這家盈餘成長公司沒有債務，而且不需要增加投資。因此盈餘和現金流量會相同。這些簡化的假設並不會影響分析的結論。盈餘成長公司最近一年的損益表如下：

	（百萬美元）
銷售金額	$100
營業費用	85
營業利益（15%）	15
稅（20%）	3
盈餘	$12

假設這家公司在可預見的未來會維持目前的銷售水準和毛利。以 8％ 的權益資金成本計算，盈餘成長公司的股東價值是 1200 萬美元除以 8％，也就是 1.5 億美元。

現在，讓我們假設盈餘成長公司今天有機會以內部產生的現金投資 1500 萬美元，這會使銷售金額增加 10％，同時稅前毛利率維持在 15％。以下是盈餘成長公司明年與隨後幾年預計的損益表：

	（百萬美元）
銷售金額	$110.0
營業費用	93.5
營業利益（15％）	16.5
稅（20％）	3.3
盈餘	$13.2

盈餘成長公司的股東價值現在是 1.65 億美元（1320 萬美元除以 8％）減去 1500 萬美元的投資，也就是 1.5 億美元（1.65 億美元 -0.15 億美元 =1.5 億美元）。注意，儘管盈餘成長 10％，股東價值依然相同，因為 1500 萬美元的投資使那年的稅後現金流量增加 120 萬美元，如果貼現率是 8％，那麼股東價值剛好是 1500 萬美元。當增加的現金流量的現值與投資的現值相同時，股

東價值並不會改變。

當新投資產生的報酬比資金成本低時，即使盈餘增加，股東價值也會減少。舉例來說，假設盈餘成長公司明年的銷售會成長20％到3000萬美元，然而，在增加的銷售中，稅前毛利率是10％，而不是之前預計的15％。以下是明年和隨後幾年修正後的損益表：

	（百萬美元）
銷售金額	$120.0
營業費用	103.0
營業利益（15％）	17.0
稅（20％）	3.4
盈餘	$13.6

雖然盈餘從1200萬美元成長到1360萬美元，成長13.3％，但是股東價值是1.7億美元（1360萬美元除以8％）減去3000萬美元的投資，也就是1.4億美元。即使

股價與盈餘成長的關係微乎其微。相反的，對未來現金流量的預期改變，會導致股東價值與股價改變。因此，財報盈餘的成長，即使伴隨股東價值的增加，也可能使投資人的預期降低，引發股價下跌。

PART 1

打開工具箱

第二章

市場如何評價股票？

傳統的貼現現金流量分析要求預估現金流量來估計一檔股票的價值。預期投資法把這個流程倒過來。它從股價開始，這是豐富但卻沒有充分被利用的資訊來源，而且確定使股票價格合理的現金流量預期。反過來，這些預期可以作為決定買進、賣出或持有股票的基準指標。

在我們沿著預期投資法的道路走得更深入之前，我們需要確定我們正在追蹤的是正確的預期。因此我們必須回答一個基本的問題：金融市場的價格是否真正反映出預期的未來現金流量？

正確的預期

我們回到第一個原則，來看為什麼股票市場把預期建立在長期現金流量上。今天的一美元比未來的一美元更有價值，因為你可以把今天的一美元拿來投資，賺到投資報酬。這個過程稱為複利。複利的相反則是貼現，這是將未來的現金流量轉換成相當於今天的價值。一個資產的現值是藉由預期報酬率貼現算出的預期現金流量的總和。這個報酬率是投資人預期在類似風險的資產中預期得到的盈餘。現值是投資人應該要為一項資產支付的最高價格。[1]

貼現現金流量模型為所有運作良好的資本市場設定價格，包括債券和房地產市場。舉例來說，債券發行人以合約設定票面利率、本金還款金額與到期日。債券價格是以當期預期報酬率貼現後，合約的現金流量現值。當有可能出現通貨膨脹，或是公司的信貸品質導致更高或更低的預期利率時，債券的價格會跟著改變。市場會設定價格來讓預期報酬符合感受到的風險。

貼現現金流量模型也主導商用房地產市場的訂價。當帝國大廈（Empire State Building）在 1990 年代初期公開出售時，房地產專家將市值訂在大約 4.5 億美元左右。然而，由於這棟大廈的長期主租約的價格低於市場行情，購買價格大約在4000萬美元。不管它多麼知名，或是處於黃金地段，都無法設定帝國大廈的價格，它的貼現現金流量價值就是這樣。[2]

考量現金流量的規模、時機和風險條件，會決定債券和房地產的價值，我們可以預期這些變數也會影響股價。問題是股票的投入要素不太確定。債券在合約上明確指出現金流量和償還本金的日期，而股票的現金流量不確定、存續無期限，而且沒有還款準備金。這種更大的不確定，使得股票比債券更難估計價值。

這是否意味著我們不應該用貼現現金流量來評價股票？當然不是，畢竟，投資人在購買任何金融資產時所獲得的報酬，取決於他們擁有資產時獲得的現金流量，加上賣出資產時獲得的收益。我們在第一章提到的約翰‧伯格對貼現現金流量評價的看法是：「投資的報酬**必定**是基於未來現金流量，這只是遲早的問題。畢竟，任何股票市場存在的目的只是要提供股票的流動性，以換取對未來現金流量的承諾，使投資人能夠隨時將未來各期收入的現值變現。」[3]

廣泛的實證研究顯示，市場決定股票的價格，就像決定其他金融資產一樣。具體來說，這些研究顯示兩種關係。首先，市場價格會對一家公司的現金流量前景的改變做出反應。其次，市場價格會良好的反應未來的現金流量。就像之前提過，許多公司為了證明股價合理，往往需要擁有可創造價值的現金流量 10 年。對於具有強大競爭優勢的公司而言，這段期間可能需要 20 年。

然而，大多數基金經理人、證券分析師和散戶都避開預測長期現金流量的困難，他們反而專注在近期盈餘、本益比或相似的指標。這些衡量指標只有在可以可靠代理公司長期現金流量前景的變數時，才有助於辨識出被低估的股票。但是近期表現的靜態衡量指標並不能反映未來的表現，而且最終會讓投資人失望，尤其是在以激烈競爭與破壞性技術為標誌的全球經濟中。如果沒有評估一家公司未來的現金流量，投資人就無法充滿說服力的做出一檔股票低估或高估的結論。

股東價值路線圖

我們需要定義現金流量，並顯示出如何用它來計算股東價值。圖 2.1 描繪股東價值路線圖，可以作為估計股東價值的指南。它顯示以下的關係：

● 銷售成長與營業利益率決定營業利益。

- 營業利益減掉現金稅負會得到稅後淨營業利益（net operating profit after taxes, NOPAT）
- 稅後淨營業利益減掉營運資本和固定資本投資，會等於自由現金流量。自由現金流量可以被認為可用於支付債權人和股東所有權的現金池。
- 以資金成本貼現的自由現金流量會決定公司價值。
- 公司價值加上非營業項目資產，減掉債務和其他相關負債的市場價值，會等於股東價值。

這些關係描述標準的貼現現金流量流程，為了確定股東價值而估計現金流量。預期投資法藉由從價格（可能與價值不同）開始來逆轉這個過程，並確定價格隱含的預期現金流量。

自由現金流量

我們可以使用熟悉的財報變數來估計市場對未來自由現金流量的預期，非常方便。再看一次圖2.1。三個經營價值驅動因子（銷售成長、營業利益率和投資增加率）與一個價值決定因素（現金稅率）決定自由現金流量。我們認為銷售成長、營業利益率和投資增加率是經營價值驅動因子，因為他們受管理決策的影響很大。價值決定因子則由外部力量決定，例如政府和金融市場。

下面是計算預測期間第一年自由現金流量的預測方法。假設去年的銷售金額是 1 億美元，而明年的預期如下：

銷售成長率	10%
營業利益率	15%
現金稅率	25%
固定資本投資增加	150 萬美元
營運資金投資增加	100 萬美元

我們計算的自由現金流量如下：

銷售金額	1.1 億美元
營業利益 = 銷售金額 × 15%	16.50
減去：現金稅 = 營業利益 × 現金稅率 = 16.50 × 25%	（4.13）
稅後淨營業利益	12.38
固定資本投資增加	（1.50）
營運資本投資增加	（1.00）
減去：總投資	（2.50）
自由現金流量	988 萬美元

銷售數字與損益表的第一行數字相同。銷售成長率只是逐年

圖 2.1 股東價值路線圖

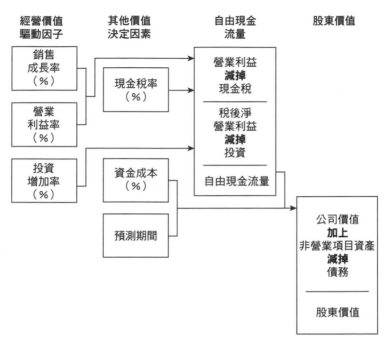

經營價值 驅動因子	其他價值 決定因素	自由現金 流量	股東價值

的比例改變。營業利益率是息前稅前營業利益對銷售金額的比例。因為我們想要計算現金流量,所以我們排除收購無形資產的攤銷,因為這是一項非現金費用,而且還要排除租賃費用中內含的利息,因為這會被適當的認列為融資成本。[4] 折舊費用依然是營業利益率計算中的一部份,即使那是一項非現金項目。但是我們不能忘記這點:我們要從資本支出中扣除折舊費用,這樣自由現金流量才是真正的現金數字。

至於稅，在特定期間，損益表的所得稅費用，也就是帳面上的稅，往往會比實際上付出的稅，也就是現金稅來得高。這是因為各個公司可能會在不同時間為了作帳與稅負的目的，認列一些營收和費用項目。

舉例來說，公司可能會為了作帳目的而使用直線折舊法，為了稅負目的使用加速折舊法。因為加速折舊會比貼現折舊還快，這會增加公司的費用並減少現金稅負。股權激勵制度可能也會在現金和財報的稅負上創造時間差異。因此，現金稅率通常會低於帳面上的稅率。[5]

現金稅率代表在營業利益上付出的稅，而不是在稅前淨利上付出的稅。因此，計算一家完全以權益注資的公司所支付的稅款，必須要消除利息費用和營業外收入或費用的稅負影響。移除利息費用減免的稅務利益，這是利息費用乘上稅率，以及增加現金稅單，並移除非營業所得的稅負所減少的營業利益稅。

我們現在得出稅後淨營業利益。為了完成這趟得出自由現金流量的旅程，我們必須減去增加的投資。投資是今天的支出，並預期這樣的支出會在未來會產生現金流量，讓投資具有經濟價值。標準項目包括固定資本投資、營運資金改變，以及併購。

讓我們從固定資本投資開始，這包含資本支出和折舊費用。

為了觀察到市場預期，我們應該使用提供長期預測的公開服務，像是《價值線投資調查》（*Value Line Investment Survey*）和分析師的預測，來估計一家公司的固定資本投資增加率。這個數字是指每增加一美元的銷售金額所需要的固定資本投資數量。我們的計算方式是把資本支出減去折舊費用，除以同個期間預測的銷售量改變。[6]

我們扣除折舊，因為合理來說，它相當接近維持目前生產能力所需的支出。因此，我們只是將高於和超過折舊的資本投資視為增加的投資。舉例來說，如果這個比例是 15%，那麼第一年的銷售金額從 1 億美元增加到 1.1 億美元時，會產生 150 萬美元的固定資本投資增加（15% ＝ 150 萬美元 /1000 萬美元）。

歷史的投資率對評估預期的有用程度取決於許多因素，包括公司產品組合的相對穩定性、技術變革，以及公司藉由提高銷售價格或更有效的使用固定資產來抵銷固定資金成本增加的能力。根據相關資訊調整後的歷史投資率是判斷預測的投資率是否合理的有用起點。

相較於銷售金額的改變，營運資金的改變會決定一家公司增加的營運資金投資率。營運資金等於流動資產減去無附息的流動負債（non-interest- bearing current liabilities）。流動資產主要是應收帳款和存貨，而無附息的流動負債主要是應付帳款和應計負債。流動資產不應該包括超出公司經營所需的現金。隨著事業的成長，營運資金通常會等比例的成長。

這個比例是以銷售金額的百分比呈現營運資金的變化。舉例來說，如果營運資金投資增加率是 10％，那麼銷售金額增加 1000 萬美元會導致營運資金投資增加 100 萬美元（10％ = 100 萬美元 /1000 萬美元）。

營運資金的改變，凸顯盈餘和現金流量之間的另一個差異。舉例來說，應收帳款從年初到年底的增加，顯示一家公司在那一年間收到的現金比認列的銷售金額還少。出於會計的目的，公司在交付商品或服務時會認列銷售金額，但是出於估計價值的目的，重要的是公司在何時收到現金。

存貨一般會隨著銷售增加而增加，存貨增加，就需要現金支付原料、人工和管理費用。由於銷貨成本不包括額外存貨的現金支出，因此我們必須把它排除在營運資金投資之外。

營運資金最後的部分是應付帳款和應計負債，這是應收帳款與存貨反面的會計項目。應付帳款與應計負債代表的是已經在損益表中扣除費用的未付款帳單。由於公司在認列部分費用後會付出現金，應付帳款的增加會減少當年的現金支出與營運資金的投資。

　　的確，一些企業擁有的無附息流動負債超過流動資產，這意味著只要持續成長，營運資金可能會成為現金來源。亞馬遜（Amazon.com）是一家使用營運資金來為擴張進行融資的顯著例子。因為這家公司在必須付款給供應商前從客戶那邊收到現金，因此營運資金一直是現金的來源，而不是投資支出。有些公司在合併和併購上的支出始終比固定資本和營運資本高。第十章專門討論併購被認列為資金配置的重要性。我們在這裡把討論限制在固定投資和營運資金投資，因為併購交易的時機、規模與成功的可能性都難以預測。

　　任何對於投資增加的討論都必須承認，幾十年來無形資產投資的成長速度比實體資產投資的成長速度更快。由於無形資產投資被列為費用，各公司做出的投資出現在損益表、而非資產負債表的情況愈來愈多。舉例來說，將一位研究人員的假設應用在微軟 2020 年財政年度的財報會發現，微軟在研發和其他無形資產的投資上花了 340 億美元，而在資本支出上花了 154 億美元。[7]重要的是，自由現金流量並沒有受到會計人員在哪個報表認列投資所影響。

　　在預測期間的自由現金流量只占公司價值的一小部分。畢竟，公司的現金流量不會在預測期間結束時神祕的消失。持續價值（Continuing value），也就是預測期間結束後的自由現金流量的價值，往往會占公司總價值的一大部分。持續價值也是大家熟知的最終價值（terminal value），或是剩餘價值（residual value）。

　　估計持續價值最好的方法是什麼？我們建議你使用以下四種方法來搭配分析你正在分析的企業，包括：永續法（perpetuity method）、永續並有通膨法（perpetuity-with-inflation method）、永續並有部分通膨法（perpetuity with-partial-inflation method），或是永久衰退法（perpetuity-with-decline method）。（本章附錄會幫助你決定去使用哪種方法。）前三個方法假設一家公司產生的報酬比資金成本高，這會吸引競爭對手，最終在預測期間結束時報酬下降到資金成本。此外，它們假設一家公司可以在預測期間結束時還是能維持稅後淨營業利益（NOPAT），而且未來的投資無法創造價值。這個方法並沒有顯示一家公司不會成長，只是表示額外的成長並不會增加股東價值。

　　第四種方法，永久衰退法，預測稅後淨營業利益會隨著時間而縮減。這適用於處於衰退產業的公司。

　　永續法意味著稅後淨營業利益在名目上保持不變。永續並有通膨法假設自由現金流量在預測期間之後會以通貨膨脹率來成長，這顯示稅後營業利益實際上會維持實質水準。[8]永續並有部分通膨法意味著這家公司可以維持一些訂價權。沒有單一的持續價值法適合所有情況，而且你選擇的方法應該與你對預測期間結束時企業競爭地位的假設一致。[9]

我們現在知道如何將熟悉的財報指標轉化為自由現金流量，要將自由現金流量轉換為公司價值，我們必須估計適當的貼現率，也就是估計資金成本。

金融機構

在這章中，我們建議你使用企業的貼現現金流量方法來解讀市場預期。這個方法使用估計值來決定公司價值，加上現金和其他非營業項目資產，然後減去債務來計算股東價值。它適用於非金融公司。

相較之下，對你而言，解讀對金融服務公司的預期最好的方法是使用權益貼現現金流量方法。截至 2020 年底，金融服務公司，像是銀行、保險公司和券商，約占標準普爾 500 指數 13％的成分股。權益法以權益資金成本為股東將未來的現金流量貼現。由於金融服務公司使用資產負債表的負債面來創造價值，透過在計算上與企業貼現現金流量方法相等的方式，權益法會更為直觀。

此外，即使是在金融服務中，不同的商業模式還是需要不同的方法。舉例來說，你需要解讀對一家銀行預期的模型，跟需要解讀對一家保險公司預期的模型並不相同。

儘管有這些區別，我們在這本書開發的預期投資技巧還是可以應用在所有公司。但是，你可能需要稍微調整成適當的模型，以最好的方式理解建立在金融服務公司股票的預期。

資金成本

加權平均資金成本，包括債務和股東權益在內，是貼現自由現金流量的合適比率。舉例來說，假設你估計一家公司的稅後債務成本為 4.0％，而且股東權益成本是 9.0％。公司計畫以 20％的債務與 80％的股東權益來募集資金。你計算出的資金成本會是：

	權重（％）	成本（％）	加權成本（％）
債務（稅後）	20	4.0	0.8
權益	80	9.0	<u>7.20</u>
資金成本			8.00

資金成本包含債權人與股東的預期報酬，因為這兩群人都聲

稱對自由現金流量有所有權。這是適合的做法，因為自由現金流量是計算到利息費用之前。資金的加權平均成本認定的是，根據融資給公司的各團體預期的貢獻比例，來計算各團體的所有權。

你應該會使用市場價值來計算目標資本結構的權重，而不是用帳面價值計算，因為債權人和股東預期會賺到比股權的市場價值更有競爭力的報酬率。[10]帳面價值反應的歷史成本通常與市場價值無關，因此與今天的投資決策無關。

你要如何估計債務和股東權益的成本？衡量債務的成本很簡單，因為債務是支付特定利率的契約責任。債務成本是一家公司今天必須為長期債務付出的利率。因此，債務的利息支出可以免稅，你可以使用這個公式來找出一家公司使用債務融資工具的稅後成本：[11]

長期債務到期的收益率 × （ 1 － 稅率 ）

估計股東權益成本很困難，因為公司並不同意支付給普通股股東一個明確的報酬率。儘管如此，投資人在購買或持有一家公司的股票時，還是會要求有一個隱含的報酬率。

理性的投資人預期賺到的報酬會與承擔的風險相稱。畢竟，風險是投資人為了投資機會所付出的代價。需要多高的報酬率，才能誘使投資人買進一家公司的股票？一個合乎邏輯的起點是將無風險利率與投資在高風險股票的額外報酬或股權風險溢酬（an equity risk premium）加總起來。[12]

公式 2.1
股東權益成本＝無風險利率＋股權風險溢酬

即使政府發行的證券也並非完全無風險。雖然它們基本上沒有違約風險，但還是會受到利率上升與導致的價值損失所影響。在缺乏真正無風險證券的情況下，我們可以用美國十年期國債或類似的主權債務的報酬率來估計無風險利率。

股權風險溢酬是股東權益成本的第二項要素。個別股票的股權風險溢酬是市場風險溢酬乘上以 beta 係數（beta coefficient）衡量的個別股票的系統性風險。[13]

公式 2.2
股權風險溢酬＝ Beta 係數 × 市場風險溢酬

Beta 係數評估一檔股票的報酬對整體市場變動的敏感程度。市場投資組合（譯註：大盤）的 Beta 係數是 1.0，Beta 係數大於 1 的股票波動比市場大，因此股權風險溢酬比市場風險溢酬高。舉例來說，如果在市場上漲或下跌 1％時，一檔股票上漲或下跌 1.25％，那麼那檔股票的 beta 係數就是 1.25。同樣的，beta 係數小於 1.0、不過是正數的股票，走勢會與市場相同，但是波動幅度並沒有那麼大。你可以從很多來源得到 beta 係數，例如《彭博》、*FactSet* 和《價值線》（*Value Line*）。

最後一個變數，市場風險溢酬，是投資人預期持有一組有效分散風險的投資組合、而非無風險政府債券時額外得到的報酬。為了估計市場風險溢酬，請從標準普爾 500 指數等有代表性的市場指數報酬中減掉無風險利率。

公式 2.3：

市場風險溢酬＝預期市場報酬率－無風險利率

投資人應該基於市場風險溢酬來評估預期報酬率，而不是基於歷史報酬率來評估。使用歷史報酬率的投資人忽略市場風險溢酬會隨時間改變的事實。前瞻性的方法與最近的歷史數據顯示，股權風險溢酬會在 4%至 6%之間。[14]

公式 2.4 把所有部分合在一起，並提供一個計算股東權益成本的公式。

公式 2.4

股東權益成本＝無風險利率＋ Beta 係數 ×

（預期市場報酬率－無風險利率）

舉例來說，如果我們假設無風險利率是 1.5％，Beta 係數是 1.25，而且預期市場報酬率是 7.5％，那麼股東權益成本如下：

股東權益成本＝ 1.5% ＋ 1.25（7.5% － 1.5%）＝ 9.0%

預期期間

再次回到圖 2.1，來了解預期期間的重要性。以資金成本貼現的自由現金流量會決定未來自由現金流量在今天的價值。我們需要評估是市場在股票價格中扣留多少年的自由現金流量。

我們不同意以任意五年或十年的期間來估計價值的說法。預期期間是市場預期一家公司超過其資金成本的投資增加所產生的報酬率的期間。經濟理論和實證結果都顯示，創造超額報酬的公司會引來競爭，最終會使報酬趨近資金成本。

分析師在進行貼現現金流量的價值評估時，通常會選擇一個太短的預測期間，如果你認為超過二至三年的預測有種純粹猜測的感覺，那麼你就沒有抓到重點。市場價格確實反映長期現金流量的預期。事實上，股票市場的歷史價格顯示，一個市場隱含的預期期間在五至十五年間。[15]

當然，不同產業的市場隱含的預測期間並不相同。我們還發現，一個產業裡的各個公司所隱含的預測期間往往會很聚集，儘管這些期間可能會隨時間改變。在第五章，我們會精確顯示出如何估計市場隱含的預測期間。現在的關鍵是要記住：股票市場抱持的是長遠的眼光。

從企業價值到股東價值

預測期間的自由現金流量現值加上持續價值，會等於企業價值。股東價值等於企業價值加上非營業項目資產，減去債務。

你可能想知道，為什麼我們對股東價值的計算包含非營業項目資產，像是超額現金、有價證券和其他對日常經營不重要的投資。這是因為它們具有價值，而且因為我們從計算現金流量中排除它們會產生的現金。超額現金是指高於或超出一家公司目前營運所需要的現金。公司有時候會囤積現金與有價證券，用來抵禦產業衰退，或是準備進行大規模的併購。

非營業項目資產可能占一家公司的股價很大的比例。舉例來說，在 2020 年底，微軟、波克夏海瑟威、Alphabet、蘋果公司各自擁有超過 1000 億美元的現金和有價證券。[16] 一些非營業項目資產擁有課稅收入（taxable gains），因此重要的是，要確保你在確認它們的價值時有把稅負考量進去。研究顯示，持有的現金很容易受稅負政策影響。[17]

一家公司日常經營需要的現金會因為產業不同而變化。一般來說，更為穩定與成熟的產業需要的數量很少，大約是銷售金額的 1%，而不太穩定且年輕的企業需要的數量接近銷售金額的 5% 至 10%。

最後，我們減去債務的市場價值，得到股東價值。債務不僅包括債券，還包括特別股和不預先提存資金的退休金計畫（underfunded pension plans）。[18] 我們扣除特別股的價值，因為一家公司在將現金分配給普通股股東之前，一般必須先全額支付特別股股利。當計畫的退休金給付義務的現值高於計畫資產時，我們會扣除退休金計畫的負債金額。由於發起退休金計畫的公司最終要對不預先提存的金額負責，所以你應該要扣除資金不足的餘額，來確定股東價值。[19]

摘要說明

這個計算股東價值方法的例子是從經營價值驅動假設開始，以股東價值結束。預期投資法的流程剛好相反，它從市場價值開始，並找出價格隱含的預期。兩個方向的機制都一樣。

假設去年的銷售金額是 1 億美元，而且你預期以下的價值驅動因子在整個五年的預測期間都會保持不變：

銷售成長率	10%
營業利益率	15%
現金稅率	25%
固定資產投資率增加	15%
營運資金投資率增加	10%
資金成本	8%

假設這家公司沒有非營業項目的資產或負債。

股東價值 2 億 5707 萬美元是指預測期間的自由現金流量累積起來的現值 4744 萬美元，以及持續價值 2 億 963 萬美元的加總（見表 2.1。[20]）在這個例子中，我們使用永續並有通膨法，而且假設通貨膨脹率為 2%。

表 2.1 摘要說明

	第一年	第二年	第三年	第四年	第五年
銷售金額	$110.00	$121.00	$133.10	$146.41	$161.05
營業利益	16.50	18.15	19.97	21.96	24.16
減：營業利益的現金稅負	4.13	4.54	4.99	5.49	6.04
稅後淨營業利益（NOPAT）	12.38	13.61	14.97	16.47	18.12
固定資本投資	1.50	1.65	1.82	2.00	2.20
營運資金投資	1.00	1.10	1.21	1.33	1.46
總投資	2.50	2.75	3.03	3.33	3.66
自由現金流量	9.88	10.86	11.95	13.14	14.46
自由現金流量的現值	9.14	9.31	9.49	9.66	9.84
自由現金流量累積的現值	9.14	18.46	27.94	37.60	47.44
持續價值的現值					209.63
股東價值					$257.07

重點整理

- 現金流量的大小、時間和風險決定金融資產的價格，這些金融資產包括債券、房地產和股票。

- 你可以藉由預測自由現金流量並把自由現金流量折算成現值，來估計一檔股票的股東價值。

- 與其努力預測長期現金流量，或是利用不可靠的短期價值評估代理變數，預期投資法的投資人會將股價所隱含的未來自由現金流量表現，作為決定是否買進、賣出或持有的基準。

附錄 B

估計持續價值

貼現現金流量的價值預估模型通常會分兩個部分來預測現金流量：在明顯的預測期間內的預期現金流量，以及在超出明顯預測期間可以捕捉到現金流量預期的持續價值。

在持續價值的計算中包含明顯的假設，因此重要的是你必須清楚知道它們的合理性。關鍵是要仔細考量在明顯的預測期間結束時，這家公司會處於怎樣的競爭地位。

有三個要素你要評估。第一個要素是資金成本。你想要在明顯的預測期間結束後，使用資金成本來搭配公司的預期競爭地位。對於年輕的企業來說，這點特別重要，因為隨著企業成熟，企業風險與隨之而來的資金成本往往會下降。

其次是通貨膨脹。問題是這家公司是否能夠維持購買力，因應通貨膨脹來調整產品或服務的定價。在產業穩定、需求的價格彈性低的企業，處於最佳位置，可以跟上通貨膨脹。價格彈性衡量需求隨價格改變的變化程度。低價格彈性的商品和服務即使價格上漲，也能看到穩定的需求。

最後，你應該考量在明顯預期期間外成長的可能性。可能有少數公司可以維持購買力，並超越通貨膨脹而成長。在光譜的另一端，負成長會在衰退的行業中產生作用。大多數的公司就介於這兩個極端之間。

請注意你選擇的持續價值方法與市場隱含預期期間的相互作用。你分配給持續價值的價值愈多，分配給明顯預期期間的價值就會愈少。因此，以適當的方法應對持續價值，對於正確描繪市場預期至關重要。

我們建議你使用永續法、永續並有通膨法、永續並有部分通膨法，或是永久衰退法來估計持續價值。以下就快速討論這些方法。

永續法

永續法假設一家公司產生的報酬如果超過資金成本，就會吸引競爭，這會導致新投資的報酬在預期期間結束時會降到等於資金成本。即使一家公司在預期期間之後還在成長，也不會創造更多的價值，因為投資所賺到的報酬只會等於資金成本。你可以藉由把預測期間之後的所有現金流量視為永遠相同的現金流量來抓住這樣的動態。永續法大大簡化了計算，因為我們不必對個別的現金流量貼現。[21]

為了確定永續的現值，只要把預測期間結束的預期年度現金流量除以投資報酬率：

公式 2.5

$$\text{永續法下的現值} = \frac{\text{年度現金流量}}{\text{投資報酬率}}$$

使用永續法的話，我們會藉由將稅後淨營業利益或投資增加前的自由現金流量除以資金成本，計算預測期間結束時的現值：

公式 2.6

$$\text{永續法下的持續價值} = \frac{\text{稅後淨營業利益}}{\text{資金成本}}$$

用永續法計算持續價值時，使用稅後淨營業利益才正確，而不是自由現金流量，因為投資支出增加的現值正好被現金流量增加的預期現值所抵銷。

由於預測期間之後的投資並不會影響價值，因此持續價值的計算只必須考慮足夠的投資，來維持現有的產能。永續法假設折舊費用接近維持現有產能的成本。這是把稅後淨營業利益放分子的另一個理由。

為了說明這點，我們假設資金成本是 8％，而且預測期間最後一年的稅後淨營業利益是 1.00 美元。使用永續法計算的持續價值（公式 2.6）只是稅後淨營業利益 1.00 美元除以資金成本 8％，也就是 12.50 美元。

永續法假設一家企業在後預測期間會賺到資金成本，但公司的現金流量成長跟不上通貨膨脹率。

永續並有通膨法

永續並有通膨法與永續法不同，這個方法假設現金流量會在預測期間之後每年以通貨膨脹率來成長。計算預測期間結束時的現值公式是持續成長的永續法公式的代數簡化。

公式 2.7

$$永續並有通膨法的持續價值 = \frac{稅後淨營業利益 \times (1 + 通貨膨脹率)}{資金成本 - 通貨膨脹率}$$

永續法和永續並有通膨法有什麼不同？在這兩種方法中，資金成本都包括預期通貨膨脹。然而，放在永續法模型分子的現金流量不會以通貨膨脹率增加。未來現金流量名目上是不變的，但是它們的價值經過通膨調整後會每年下降。相對來說，在永續並有通膨法模型下，現金流量每年都會以預期通貨膨脹率成長。因此它們的價值會跟上通膨，而且在實質上保持不變。可以預見的是，當我們預測通貨膨脹時，永續並有通膨模型會產生比永續法模型更高的價值。

舉例來說，假設我們使用跟上述相同的假設，但是現在引進 2% 的預期通貨膨脹率。在永久並有通膨方法下（公式 2.7），稅後淨營業利益會隨通膨增加至 1.02 美元。將 1.02 美元除以 6%（8% 的資金成本減去 2% 的預期通膨），會得到 17.00 美元的持續價值。[22]

在罕見的情況下，你會預期一家公司的成長不只會追上通貨膨脹率，還會超越通貨膨脹率，這種情況可以將公式裡的通貨膨脹率改以成長率取代。這會產生比永續並有通膨法模型更高的持續價值。但這種情境非常罕見，我們建議使用時要非常謹慎。

永續並有部分通膨法

永續並有部分通膨法假設在預期期間之後，價值會永遠以高於零、但低於通貨膨脹率的速度成長。這個公式與永續法的公式相同，只是增加額外的變數 p，來反映公司能夠收回通貨膨脹率的比例。

公式 2.8

$$永續並有通膨法的持續價值 = \frac{稅後淨營業利益 \times [1 + (p \times 通貨膨脹率)]}{資金成本 - (p \times 通貨膨脹率)}$$

繼續用我們的例子來說明，資金成本 8%，預期通貨膨脹率是 2%，而且預測期間最後一年的稅後淨營業利益是 1.00 美元。現在假設這家公司可以永久使商品或服務的價格反映一半的通貨膨脹率。變數 p 因此等於 0.5。

在這個例子下，分子是 1.01 美元（稅後淨營業利益 1.00 美元乘上一半的通貨膨脹率），而且分母是 7%（8% 的資金成本減去預期通膨 2% 的一半）。永續並有通膨法（公式 2.8）會產生 14.43 美元的價值（1.01 美元除以 7%）。

永久衰退法

大多數的企業最終會在某個時間點走向衰敗。這樣的例子包括影片出租服務、報紙和底片公司。如果你預期一家企業在預測期間結束時會衰退，你可能可以省事的使用永續並有通膨法的公式，但是把通貨膨脹率的數字以某個衰退率來取代。

公式 2.9

永久衰退法的持續價值 $= \dfrac{\text{稅後淨營業利益} \times (1 - \text{衰退率})}{\text{資金成本} + \text{衰退率}}$

假設一個產業預期會以 2% 的速度衰退，預期期間最後一年的稅後淨營業利益是 1.00 美元，而且資金成本是 8%。將 0.98 美元（1 美元乘以 0.98）除以 10%（8% 的資金成本將上 2% 的衰退率），會得到 9.8 美元的持續價值。

哪種模式最適合你？這沒有簡單的答案。要思考通貨膨脹率與這家公司在該產業下競爭時的成長率。需要考慮的因素包括產業進入障礙和破壞式創新的風險。我們會在第四章討論這些主題。實務上來說，我們相信永續並有部分通膨法最適合大多數公司。

第三章

預期的基礎架構

預期投資法是根據兩個基本的構想：第一，你可以解讀股價並估計它們隱含的預期。第二，只要你能正確預測到這些隱含預期的股價出現修正，你就能夠得到超額報酬。

我們使用貼現現金流量模型來解讀預期，因為這就是市場評估股價的方法。價格隱含的預期能夠用熟悉的經營價值驅動因子來表示，這些驅動因子包括銷售成長、營業利益率與投資。

我們現在來看預期的修正，並處理兩個基本問題：

1. 我們應該在哪裡尋找預期修正？
2. 產生的所有預期修正是否都一樣？

這些答案很重要，因為他們是取得有吸引力的投資報酬的關鍵。了解今天的預期是一回事，但是了解它們是什麼，以及它們對股東價值的影響則完全是另一回事。就讓我們從第一個問題開始。

基礎架構

搜尋預期修正時，從經營價值驅動因子開始很合乎邏輯。的確，投資人和經理人一般會圍繞每個價值驅動因子建立範圍，來測試各種結果會怎麼影響股東價值。我們過去也一直提倡這種敏感度分析，直到我們意識到這個方法並沒有真正抓住預期修正的構成基礎為止。

為了了解原因，來舉個簡單的例子。假設一家公司的股價隱含的公司營業利益率預期是 15%。敏感度分析用某個範圍的營業利益率來取代 15%，舉例來說，從 12% 至 18%，並衡量這對股東價值的影響。但是任何營業利益率假設的改變都會引起更大的問題：為什麼營業利益率會從目前的預期改變？這是由銷售成長預期的改變所促成嗎？或是這家公司比投資人目前仔細考量下更為積極的修正它的成本結構？我們知道還有很多情節在其中，因為價值驅動因子會因為很多理由而改變。

要了解預期的修正，我們必須意識到經營價值驅動因子的改變實際上是預期修正最終的結果，而不是根本原因。結果顯示，預期修正的正確位置是股東價值的基本組成元件，包括銷售、經營成本和投資。我們稱它們是價值觸發因素，因為它們會開啟預期修正流程。重要的是，投資人和經理人正是用這些詞來思考和談論。

但問題是，價值觸發因素過於廣泛，無法直接對應經營價值驅動因子。舉例來說，一家公司預期銷售增加可能會造成營業利益率改變，也可能不會改變。我們還需要一套分析工具來有系統的捕捉價值觸發因素和價值驅動因子的關係。我們稱它們為價值因子。它們包括數量、價格和銷售組合、營運槓桿、經濟規模、成本效率，以及投資效率。

價值觸發因素、價值因子和經營價值驅動因子構成預期的基礎架構（見圖 3.1）。現在我們知道從哪裡開始尋找預期的修正，那就是預期觸發因素。一旦我們確認某個潛在的改變，我們就會認為價值因子會起作用。最後，我們可以把預期的修正轉換成價值驅動因子，並計算它們對股東價值的影響。

預期的基礎架構是基於既定的個體經濟學原理，並指引對歷

圖 3.1　預期的基礎架構

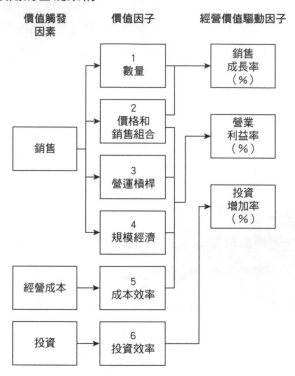

史和預期績效表現進行嚴格的分析。它還整理因果關係，提供投資人一個清楚的方式來評估所有會觸發修正作用的因素。大多數使用敏感度分析的華爾街投資人並無法抓住這些動態。

現在就來進入預期基礎架構的核心，並討論每個價值因子。

價值因子 1：數量

數量、價格和銷售組合假設的改變，會導致銷售成長預期出現修正。具體來說，數量捕捉住有多少單位的商品或服務出售的預期修正。數量改變顯然會引起銷量改變，而且也可能會影響營業毛利率。在這裡我們只需要關注銷售的影響，因為我們可以透過兩個額外的因素來捕捉對毛利的影響，那就是營運槓桿和經濟規模。

價值因子 2：價格與銷售組合

銷售價格與銷售組合會影響銷售成長率和營業利益率。銷售價格的改變，意味著一家公司用不同的價格銷售相同的商品。為了評估對營業利益率的影響，你需要結合價格改變來考量一家公司的成本。

銷售組合反映高毛利和低毛利產品的分布改變，營業利益率會擴大或縮小，取決於銷售組合如何變化。

固特異輪胎（Goodyear Tire & Rubber）是銷售組合如何提高營業利益率的一個好例子。固特異輪胎 2015 年的銷售金額比

2011 年下降 28％，而且總銷售量下降 8％。但是這家公司同期的營業利益成長將近 50％，而且營業利益率增加 6 個百分點。關鍵在於銷售組合從低毛利的輪胎商品轉向高毛利的優質輪胎。[1]

▍價值因子 3：營運槓桿

企業必然會在產品和服務產生銷售之前花費大量的資金。這些支出被稱為產前成本（preproduction cost）。有些企業，像是公用事業或化工企業，主要是把錢花在實體建築物與設備上，這些費用在資產負債表上被認列為費用，藉由折舊估計這些資產的使用壽命。其他企業，包括軟體公司和製藥公司，會立即支出大量的知識開發成本，但是不會花太多錢在會折舊的資產上。產前成本的相對重要性和開發產品或服務所需要的時間會隨著產業與公司不同而改變。

產前支出會損害營業利益率。另一方面，隨後的銷售成長會產生更高的營業利益率。投資人和經理人一般都會稱這是營運槓桿。

產前成本的時間和幅度會因為企業的不同而不同。仰賴實體資本的公司在接近實際的產能利用率時，需要新一輪的產前成本來維持企業成長。這些新成本讓毛利有下調壓力。相對的，知識型公司對於實際的產能利用率擔憂較少，但是為了避免產品過時，它們必須承擔連續幾輪的產品開發成本，來升級現有的產品並推出新產品。

那麼營運槓桿究竟是如何影響營業利益率呢？假設一家公司最近一年的銷售金額是 1 億美元，稅前營業利益是 1500 美元。進一步假設在經營成本 8500 萬美元中，產前成本占 20％，也就是 1700 萬美元。由於這家公司去年完成一次重要的擴張，所以未來兩年的產前成本依然不變，其他經營成本仍占銷售金額的68％。

我們可以使用這些假設來計算前兩個預測年度的營業利益（表 3.1）。

營運槓桿會使營業利益從基準年的 15％，到了第一年和第二年分別提高到 16.55％與 17.95％。

▌ 價值因子 4：規模經濟

當一家企業可以隨著產品數量增加而以較低的成本進行採購、生產、行銷、銷售、配送和客戶服務等基本任務時，就存在

表 3.1　營運槓桿

	第 0 年	第 1 年	第 2 年
銷售金額	$100.00	$110.00	$121.00
產前成本	17.00	17.00	17.00
其他營業費用（銷售金額 68%）	68.00	74.80	82.28
營業總成本	85.00	91.80	99.28
營業利益	$15.00	$18.20	$21.72
營業利益率	15.00%	16.55%	17.95%

規模經濟。

　　一個例子是「刷卡費」，這是顧客每次刷卡購物時，銀行向零售商收取交易費用某個比例的金額。像沃爾瑪、Costco 和亞馬遜等大型商店利用它們的規模來協商付出比小型零售商更低的刷卡費。[2] 大公司還享有廣告的規模經濟，因為更高的銷量不只可以使他們能協商出更低的價格，還能接觸到更多的潛在客戶。這些規模經濟會使較大的公司比較小的競爭者更具成本優勢，而且如果競爭對手夠重要的話，還能夠阻止他們進入市場。

　　只是追求市占和規模並不是萬靈丹。舉例來說，西南航空和鋼鐵製造商紐克鋼鐵（Nucor）發展出優異的商業模式，而且比其他更大的競爭對手有更高的獲利。此外，在技術和客戶需求快速改變的產業中，專注在銷量成長的公司也許會很難隨著市場發展而改變發展方向。很多時候，市場領導廠商還會因為代價高昂的官僚主義和狂妄自大而受害。

也就是說，由於大量的併購活動出現，使得今天超過四分之三的美國產業比 1990 年代後期更為產業集中。這已經使得產業集中最高的產業營業利益率變得更高。[3]

請注意，規模經濟與營運槓桿不同。[4] 規模經濟會隨著銷量增加而產生更高的效率，營運槓桿則是將產前成本分攤到更多的產量所導致的結果。將規模經濟誤認為營運槓桿可能會錯誤的得出結論，認為一家公司的單位成本會持續下降，因此擴大產能來滿足需求。

規模經濟對預期投資法投資人的重要性不只取決於一家公司過去規模經濟的程度，還取決於市場目前預期公司無法反映合理改變的程度。[5]

▋ 價值因子 5：成本效率

與規模經濟無關的成本效率也會影響營業利益率。這些效率涵蓋的活動從原物料採購到商品或服務的銷售和配送。各家公司都可以透過兩種基本的方式來達到成本效率。[6] 不是降低這些活動的成本，不然就是大幅重新配置這些活動。

配送香蕉和其他產品的金吉達品牌國際公司（Chiquita Brands International）就是一個享有成本效益的公司案例。這家公司擁有兩萬多名員工，管理人力資源是項重要的工作。近年來，這家公司採用新的人力資源管理軟體，讓它在這項重要活動的成本降低30%。[7]

重新配置採購、生產、銷售、行銷或配送活動可以大幅改變一家公司的成本狀況。設計、開發和銷售消費性電子產品的蘋果公司就是一個恰當的例子。蘋果公司一開始是一家個人電腦公司，1980 年代在美國自己製造電腦。這家公司現在最成功的產品是 iPhone。自從 2007 年推出 iPhone 以來，蘋果已經建立一個全球供應鏈。零組件來自世界各地的供應商，而且 iPhone 的組裝主要已經移往中國。沒有創造價值的外包活動讓蘋果可以降低成本，並從 iPhone 創造的整體價值中取得更多價值。[8] 再次強調，重點不是成本節省多少，而是節省的成本超出市場目前的預期。

▍價值因子 6：投資效率

當企業可以在既定的銷售金額和營業利益下讓投資減少時，

就可以享有投資效率。[9] 舉例來說，麥當勞藉由開設新店來持續成長。1990 年代，這家公司想出一個方法來讓新店投資金額減到最低，包括建築物本身、土地和設備。1990 年，一家傳統麥當勞餐廳的平均成本要 160 萬美元，到了 1994 年，麥當勞藉由簡化建築物設計，並使用只需要較小土地的模組化建築物，讓成本削減至 110 萬美元。這家公司還讓設備標準化，使它能夠在全球取得設備，而且要求主要供應商以較低的價格來提供。新店產生的銷售金額和營業利益與舊店相同，但是建造成本卻降低 30%。

跨國食品與飲料公司億滋國際（Mondelez International）受益於另一種形式的投資效率，也就是改善現金周轉週期（cash conversion cycle）。現金周轉週期衡量公司在庫存和其他資源上的投資變成銷售現金流量所需要的天數。億滋國際從 2013 年至 2020 年將這個週期從 39 天改善到負 35 天，這意味著現在它在付錢給供應商前就收到現金。億滋國際的營運成本效率使超過 36 億美元的資金可以自由運用。

並非所有預期修正都相同

預期的基礎架構提供銷售、營業利益率和投資背後詳細的地圖。它還顯示為什麼我們需要從價值觸發因素開始，使成功預測到修正的機率達到最大。但是我們仍必須回到的問題是：所有預期修正是否都相同？答案顯然不是。要了解原因，先要考量兩個相關的問題：

1. 哪個預期的改變可能會提供投資人最好的機會？是銷售、成本，還是投資？

2. 這些改變在什麼時候會真的很重要？

第一個問題有明確的答案：銷售預期的改變最有可能展現出具有吸引力的投資機會。為什麼？再看一下預期的基礎架構（圖3.1）。請注意，銷售會觸發六個價值因子中的四個因子。光是這點就很引人注目，但是我們也必須考量到，銷售成長的預期修正通常是最大的。由成本和投資效率所導致的預期修正幾乎總是比較小，不過即使價值驅動因子的變化幅度並無法說明整個故事，因為我們主要有興趣的是對股東價值的影響。

銷售成長預期變化的重要程度取決於公司是否正在創造股東價值。當一家公司為了成長而投資所產生的報酬超過資金成本時，銷售成長就會增加價值。如果報酬低於資金成本，那麼成長就會破壞價值。最後，如果一家公司的營收恰好等於資金成本，成長就不會增加任何價值。成長可能是好消息、壞消息，或不算是新聞。

當一家公司淨稅後營業利益（NOPAT）增加的現值超過增加的投資時，公司就會增加價值。相反的，淨稅後營業利益的成長取決於預期的銷售成長率、營業利益率和假設的現金稅率。因此，在銷售成長預期有既定的改變下，營業利益率會決定對股東價值增加的影響。[10]毛利愈高愈好。然而，一家公司為了維持公司價值，需要賺到一個與營業利益率損益兩平的特定報酬，我們稱為門檻毛利率。[11]

為了說明門檻毛利率，我們回到第二章的摘要說明。去年銷售金額是 1 億美元，淨稅後營業利益是 1125 萬美元。假設未來一年的市場預期如下：

銷售成長率	10%
營業利益率	15%
現金稅率	25%
投資增加率	25%

這家公司的資金成本是 8%，預期通貨膨脹率是 2%，而且我們使用永續並有通膨法來計算持續價值（見公式 2.7）。在表

表 3.2　股東價值增加：預期與門檻毛利率比較

	第 0 年	營業利益率 15%， 第 1 年	營業利益率 14.08%， 第 1 年
銷售金額	$100.00	$110.00	$110.00
營業利益	15.00	16.50	15.49
減去：現金稅	3.75	4.13	3.87
淨稅後營業利益（NOPAT）	11.25	12.38	11.61
減去：投資增加		2.50	2.50
自由現金流		9.88	9.11
自由現金流現值		9.14	8.44
持續價值現值	191.25	194.79	182.81
股東價值	$191.25	$203.94	$191.25
股東價值增加		$12.69	$0.00

3.2 的「營業利益率 15％」的欄目中，我們計算在這組假設下，股東價值增加 1269 萬美元。在右欄中，我們用 14.08％的門檻毛利率取代 15％的營業利益率，這時，股東價值增加會降至 0。[12]

　　門檻毛利率顯示出四個幫助你確定預期改變何時會影響股東價值的原則：

1. 如果營業利益率的預期遠高於門檻毛利率，則上調銷售成長預期會導致股東價值大幅增加。改變愈大，增加幅度就愈大。

2. 如果營業利益率的預期接近門檻毛利率，那麼銷售成長預期的修正會導致股東價值的增加相對較小，如果預期的修正還會透過產品銷售組合的修正、營運槓桿或規模經濟來引發更高的毛利時，就會出現例外的情況。

3. 如果營業利益率的預期明顯低於門檻毛利率，那麼銷售成長預期的正向修正會降低股東價值，除非營業利益率或投資率的改善可以抵銷這個效應。

4. 投資增加率的預期上升會增加門檻毛利率，進而減少銷售成長所增加的價值。同樣的，較低的投資增加率會轉換成較低的門檻毛利率。

　　營業利益率和門檻毛利率之間的預期利差愈大，而且銷售成長率愈高。銷售成長就愈有可能成為主要的觸發因素。甚至當銷售的改變也會觸發其他價值因子，包括價格和產品組合、營業槓桿和規模經濟時，這種可能性就會增加。

　　對於賺到的報酬接近資金成本，而且並沒有從價格和產品組合、營運槓桿或經濟規模中受益的公司來說，銷售預期的修正是微不足道的。在這些情況下，成本或投資效率的改變可能會對股東價值帶來最大的影響，即使它們對股東價值的絕對影響很小。

當預期改變時，預期的基礎架構可以幫助你辨識讓股東價值增加的潛在來源。與六個價值因子相關的價值觸發因素，以及由此而產生的經營價值驅動因子，是預期投資法分析的分析基礎（見第五章至第七章）。

在下一章，也就是 PART I 的最後一章，要討論影響基本價值觸發因素的競爭問題。說明完最後一部分之後，你就可以掌握執行預期投資法所需的所有策略與財務工具。

重點整理

● 要獲得超額報酬，你必須使正確預測市場預期修正的機率提高。

● 預期的基礎架構是基於決定股東價值的基本價值觸發因素、價值因子和經營價值驅動因子索決定。這個架構可以幫助你將預期修正的原因與影響具體化。

● 銷售成長預期的修正是最有可能獲得投資機會的來源，但前提是公司的投資收益要高於投資成本。

第四章

如何分析產業與企業？

競爭策略分析是證券分析的核心。投資人要從預期的修正中受益，最可靠的方法是預測公司競爭動態的改變。這些改變導致銷售、成本或投資前景修正，這些價值觸發因素會啟動預期投資法流程。對投資人來說，競爭策略分析是確定辨識修正可能方向的重要工具。[1]

競爭策略分析的雙重用途

競爭策略的文獻主要專注在管理行動的解決方案，但是投資人可以用不同的方法來使用相同的策略工具。

管理階層的目標是藉由投資賺取超過資金成本的報酬來創造

價值。事實上，持續創造價值是競爭優勢的標誌。一家公司使用競爭策略分析來規畫並做決策，因為它的競爭優勢關鍵直接取決於公司策略的品質與執行。

投資人玩的則是不同的遊戲。當他們正確預測市場對公司業績表現預期的修正時，就會產生優異的報酬。如果這些股票的價格能夠充分反映未來公司的業績表現，投資人就不會從創造最多價值的公司股票中得到高報酬率。這就是為什麼好公司不必然是好股票。投資人可以使用競爭策略分析來做為預測預期修正的一種手段。

歷史分析

查看一家公司的歷史表現可以讓你對要預期什麼有些概念。一方面，你可以檢視哪些經營價值驅動因子的變化最大。然後，你可以使用預期的基礎架構和競爭策略分析來分析這項資訊，追蹤可以改變的來源。歷史也會提供現實情況的檢測。如果這個市場預期某個特定的經營價值驅動因子會跟過去有一樣的表現，那麼你必須有個好理由去相信有可能去修正預期。

預期的基礎架構與競爭策略分析，兩者的強大組合強調影響經營價值驅動因子的經濟和策略因素。舉例來說，一家公司也許會透過較低的價格來將節省的成本轉嫁給客戶，使單位銷量的成長加速。因此，即使較低的價格會抵消節省成本帶來的毛利優勢，降價還是很重要，因為這會影響銷售成長。預期的基礎架構提供一個評估因果關係的架構，而競爭策略分析則超越數字去評估一家公司的競爭環境。表 4.1 列出一些關鍵問題，以及經營價值驅動因子與價值因子，你也許會在評估歷史表現時加以考量。

當然，歷史分析的相關性會因公司不同而改變。它的相對重要性在很大的程度上取決於可以得到的歷史數據和產業穩定性。一般來說，可以得到的歷史數據愈多愈好。過去一連串的結果會對之前的產業週期、競爭態勢與管理策略的有效性提供重要的見解。

產業穩定性說明歷史價值驅動因子的可靠性。對穩定的產業來說，未來可能與過去很像，這使歷史業績的記錄充滿價值。相較之下，研究快速改變的產業或在新產業裡競爭的公司過去的業績表現，實用的價值有限。

表 4.1　經營價值驅動因子、價值因子和競爭策略分析

經營價值驅動因子	價值因子	關鍵議題
銷售成長率	數量	● 產業成長 ● 市場份額 ● 顧客維繫（流失）
	價格與產品組合	● 價格改變 ● 產品組合改變
營業利益率	價格和產品組合	● 價格改變 ● 產品組合改變
	營運槓桿	● 產前成本 ● 在投資週期中的位置 ● 投資的可分割性
	經濟規模	● 採購 ● 生產 ● 配銷 ● 學習曲線
	成本效益	● 流程重新配置 ● 技術 ● 外包
投資增加率	投資效率	● 技術 ● 設備重新配置 ● 營運資金管理

評估競爭策略的架構

我們發現在三個層面上評估競爭優勢很有用處。第一是藉由深入了解產業高層的特性來了解情況。接著你可以進行具體的產業分析。產業吸引力結合市場特性與產業結構的評估。市場特性

包括市場的成長、客戶和供應商的供需基本面、創新率、產業監理的改變；產業結構則包括市場份額、進出壁壘、垂直整合潛力、替代產品的威脅、競爭模式和產業的獲利能力。

競爭策略分析最後的層面是要設法確認公司特定的優勢來源。單一公司通常對產業吸引力的影響很小。相較之下，公司的業績和競爭地位是由公司對產品品質、技術、垂直整合、成本定位、服務、訂價、品牌識別和重點配銷管道等領域所選擇的策略所驅動。一家公司的策略選擇，結合公司的執行技巧，會決定公司創造價值的前景。我們現在會觸及每個層面，並提供一些工具來引導這樣的分析。

了解產業展望

這個層面的目標是要了解產業的運作方式，以及一些關鍵特徵，包括獲利能力、穩定性與受外部力量的影響。創建一個產業地圖是很好的起點。[2] 目標是了解競爭的結構，來確定目前和未來獲利能力的要素。

先把你正在分析的公司放在地圖中間，常見的情況是把供應商放在左邊，客戶放在右邊。試著把所有可能會對這家公司的獲利能力產生影響的公司都包括在內。按照規模順序列出公司，對於了解這些公司的相對地位很有幫助。一個產業的界線並不總是很清楚，但是了解一家公司在更大的格局中所在的位置，有助於提出關鍵的問題。

創建一個地圖也可以提供一個很好的機會來思考新進者的潛力。考慮現在不在地圖上、但未來合理會成為競爭者的公司。這個地圖也可以讓你了解公司之間經濟往來的性質。舉例來說，公司實體間的契約關係是基於最大努力義務（best efforts），或是實支實付（pay as you go）？最後，評估可能影響獲利能力的其他因素，像是勞資關係或地緣政治風險。

圖 4.1 的例子是美國航空業的產業地圖。

價值池分析可以讓你看見一個產業創造的價值。[3] 橫軸衡量公司的規模，像是銷量或資產。縱軸反映營業毛利率和門檻毛利率之間的利差。回想一下，門檻毛利率是這家公司剛好賺取資金成本的毛利。價值池分析會告訴你一家公司有多大，以及這家公司創造多少價值。

圖 4.2 是 2019 年美國航空產業價值池分析的一個例子。要真正掌握產業性質的改變，隨時間變化所進行的價值池分析是有用的。在穩定的產業中，創造的價值每年變化並不大，而在價值上

圖 4.1 產業地圖

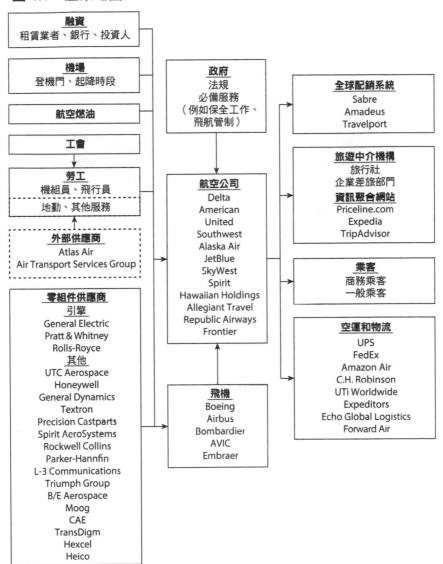

圖 4.2 價值池分析

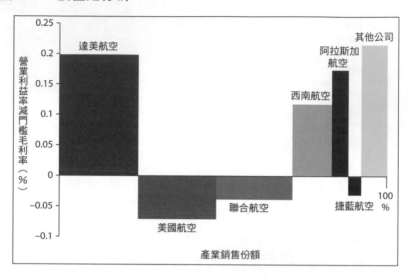

的顯著改變，顯示出競爭優勢有限。此外，可以創造顯著價值的
公司，尤其是大公司，是合理的競爭目標。

市場份額測試提供一個很好衡量產業穩定性的標準。[4] 這項
分析檢視兩個時期的市場份額，通常相隔三或五年，並計算市場
份額的平均絕對數字改變。表 4.2 提供全球智慧型手機產業的範
例。平均值愈高，市場份額的變動就愈大，而且任何一家公司擁
有可持續競爭優勢的可能性就愈低。

最後重要的是，要考慮關稅、補貼和法規等外部力量如何影
響產業獲利能力。舉例來說，2019 年 12 月美國恢復對巴西和阿

表 4.2　市場份額測試

智慧型手機 （全球占比）	2014（%）	2019（%）	5 年 絕對數字改變（%）
三星	24	20	4
Apple	15	13	2
聯想	7	3	4
華為	6	16	10
小米	5	8	3
LG	5	2	3
其他	38	38	0
總計	100	100	
平均絕對數字改變			4

根廷進口的鋼鐵和鋁課徵關稅時，因為供給減少，所以美國鋼鐵製造商的庫存增加。我們會在第十二章〈預期機會的來源〉中對此有更深入的討論。

　　對於產業的全貌有深刻的認識之後，我們就可以把注意力轉向塑造產業的因素。

產業分析

　　我們建議用兩個架構來做為產業分析的引導，這兩個架構都是由哈佛商學院的教授所開發。第一個是麥可・波特（Michael

Porter）著名的五力分析架構，這個架構有助於界定產業結構，而且對競爭分析特別有用（見圖 4.3）。[5] 第二個是克雷頓‧克里斯汀生（Clayton Christensen）的破壞式創新模型，這可以幫助我們預測公司倒閉的風險。

▌五力分析架構

產業結構是塑造競爭遊戲規則與競爭企業可用策略的主要力量。這種分析適用於大多數產業，不過特別適用於擁有以下三個特徵的產業：

- **明確的產業界線：** 能夠很容易界定買家、供應商和競爭對手。
- **成熟與相對可預測的模式：** 這個產業相對穩定
- **實體資本導向：** 有形資產 是價值創造的核心。

波特認為，這五種力量集結起來會決定一個產業創造價值的潛力。他強調，儘管這種潛力會因為產業而不同，個別公司的策略最終會影響這家公司可持續的競爭優勢。現在就來一一看這五

圖 4.3　五力分析架構

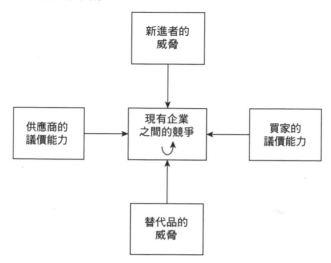

種力量：

- **替代品的威脅**處理替代產品和服務的存在，以及潛在買家轉而購買替代產品機率的問題。如果產品價格沒有競爭力，而且如果從競爭對手那裡可以取得同類商品，那麼企業就面臨替代品的威脅。替代產品會限制公司可以收取的價格，對潛在報酬設定出上限。

- **買家的力量**是產品或服務的買方議價能力。它是買方集中度、轉換成本、資訊水準、替代產品與產品對買方重要性的函數。與無知、分散各地的買家相比，資訊充足的大型買家會對供應商有更大的影響力。

- **供應商的力量**是一家供應商對客戶在價格、品質和服務等方面的影響程度。一個無法把價格的增加從強大的供應商轉嫁給客戶的產業，注定是沒有吸引力的。如果供應商的集中度比他們銷售產品所在的產業還大，如果他們沒有替代產品的負擔，或是如果他們的產品具有很高的轉換成本，那麼供應商就處於有利地位。如果他們服務的產業在銷售量中的占比相對較小，或是產品對買方很重要，那麼他們也處於有利的地位。銷售商品給買家集中度較高的賣家，比銷售差異化商品給多樣化的買家的處境困難得多。

- **進入障礙**決定一個新競爭者進入一個產業的困難程度。這些障礙可能包括需要的資金水準、知名品牌的實力和客戶忠誠度、利用配銷通路、規模經濟、從一個供應商的產品轉換到另一個供應商的產品的成本與政府法規。

- **公司之間的對抗**要處理公司在價格、服務、保固、新產品介紹與廣告等面向相互競爭的激烈程度。對所有參與的公司而言，激烈的對抗會使產業沒有吸引力。影響對抗的因素包括產業成長、產前成本的相對大小，以及產品差異化的水準。不斷成長的產業往往會使對抗緩和，因為競爭對手通常會更關注在與產業共同成長上，而不是在零和遊戲中取得優勢；產前成本高的產業通常會呈現出明顯的對抗態勢，因為有強烈的動機來推動足夠的銷量來打平成本；在產品幾乎沒有差異性存在的地方，基於價格和服務的激烈對抗會經常出現。

其中兩種力量值得進一步討論，那就是進入障礙和對抗。

競爭是動態的，因此了解產業的進入和出場模式很重要。[6] 評估潛在威脅的一個起點是分析各公司實際進入產業和退出產業的情況。年輕的產業一般都比古老的產業有更多公司進出。但我們的經演顯示，在所有產業的進出情況都比高階經理人和投資人一般認為的更為活躍。

一個挑戰者決定進入一個產業是從評估現有企業的預期反應開始。預測現有企業反應的激烈程度，具體因素包括資產特性、有效生產規模的最低水準、產能過剩程度和現有產業的聲譽。[7]

經濟學家過去認為，一家公司的資產投資多寡，會決定它對挑戰者的反應，但是他們逐漸了解到，關鍵是這些資產對市場的專屬性有多少。一家資產只在特定市場有價值的公司會奮力拚搏，來維持它的地位。

資產專屬性的例子包括地點的專屬性（一家公司因為效率而將資產放在客戶旁邊）、實體的專屬性（一家公司調整一些資產到特定交易上）、專屬資產（一家公司取得一些資產來滿足特定買家的需求），以及人的專屬性（一家公司為了瞄準某個特定的業務關係，提供具體技能或知識給員工）。[8]

隨著大多數產業的產出增加，單位成本會下降。在某個時候，單位成本會隨著產出增加而停止下降，而且公司會產生固定規模報酬。最小有效規模是公司必須達到最小單位成本的最少生產量。它使一個挑戰者可以確認前期投資的規模，以及需要多少市場份額才有競爭力並創造價值。

最後兩個因素，也就是產能過剩和現有的聲譽，很簡單。如果一個產業有過剩的產能，一個新進廠商會增加產能，因此導致價格降低。一家以鬥士或熱於助人為聲譽的公司因為言出必行，因此會影響潛在新進廠商的決定。

一個新進廠商必須評估進入一個產業的預期報酬，因為如果既有廠商擁有無法超越的優勢，就無法得到讓人心動的報酬。這些優勢包括事先承諾的合約、許可與專利、學習曲線效益、網路效應和出場成本。

獨家取得原物料、與客戶的長期合約，以及維持產業裡最低價格的承諾，都是事先承諾合約的範例。許可證的成本高昂，因此不利競爭者進入，而專利會在特定期間保護現有企業，阻止競爭者進入。

當更多人使用產品或服務而使產品或服務的價值增加時，就存在網路效應。一旦一個網路成為主導者，對挑戰者來說，吸引顧客就會變得很困難。經典的例子包括微軟的個人電腦作業系統、社群媒體中的臉書，以及共乘市場中的 Uber。

新進廠商必須衡量成功的機率和出場的成本。出場障礙是投資規模和收購資產特殊性的函數。低投資需求與非特定資產就跟低進出障礙一樣。

企業之間的競爭是幾種因素的結果，包括合作程度、目標的同質性、需求的變化性和產業成長。

在大多數的產業中，**合作**和**欺騙**之間存在緊張關係，這些術語來自賽局理論，這是研究兩個以上的參與者之間的策略互動。當產業參與者管理像是訂價和粗略協調增加產能等變數時，合作就會出現，當然這在業務上並不明顯。當一家公司降低產品的價格或增加產能時，其他廠商為了產業獲利的占比而沒有這樣做時，欺騙就會產生。理解對抗的核心是評估每間公司感知到合作和欺騙之間的權衡。很多的合作跟最少的對抗跟讓人心動的經濟報酬相符。激烈的對抗會讓公司很難產生高報酬。

競爭對手的目標同質性也是評估的必要條件。在公司有相似的目標、時間範圍、激勵計畫、股權結構和公司理念的產業中，對抗往往不會很激烈。這種情況很少見。舉例來說，你可以想像一個產業裡有上市公司、私人擁有的公司，或是私募股權擁有的公司。這些競爭對手有不同的財務目標、時間範圍和股權獎勵架構，可能會產生不同的戰術與策略。

產業中的產品或服務需求變動也很重要。當需求變動很大時，有些公司很難內部合作，更不用說外部合作了。對產業而言，可改變的需求與高固定成本尤其相關，因為即使在需求的高峰期，也有投資過多的風險。產能過剩會導致在產業週期底部出現激烈競爭。

當一個產業正在快速成長時，有些公司可以在不削弱競爭對手的情況下創造股東價值。在停滯的產業裡，更像一場零和遊戲，增加價值的唯一方法是從其他公司那裡取走價值。產業裡的對抗增加，常常會伴隨產業成長的減速。

▌破壞式創新模型

已故的克雷頓·克里斯汀生開發有助於預測預期改變的破壞式創新模型。[9] 這個模型揭露主要公司可能失敗，導致預期大幅降低的模式。這個架構特別適用在以下幾個類型的公司：

- **市場領導者**。這些公司傾聽顧客的意見，並專注於當前的獲利。因此他們的惰性和動機常常使他們錯失重要的科技變革。
- **組織上中央集權的公司**。集中決策的公司常常很難觀察到破壞式科技出現。
- **利用實體商品的公司**。既有公司可能會因為銷售的產品從實體產品轉型到數位產品而遭遇困難。

克里斯汀生認為，即使優秀的經理人根據廣泛接受的管理原則做出明智的決策，很多公司還是會失去它們的領導地位。因此陷入兩難。他的架構是根據三個調查結果：

首先，持續性的技術和破壞性技術是截然不同的。持續性的技術會促使產品改看。它們可以是漸進、不連續、甚至是激進的改善。但是持續性的技術是在一個明確的價值網絡中運作，他將此定義為，這是「一家公司在辨別和回應顧客需求、解決問題、取得投入要素、對競爭對手做出反應和追求獲利的背景環境。」[10]破壞性技術提供市場一個非常不同的價值主張。

基於破壞性技術的產品最初可能只吸引相對少的客戶，這些客戶看中像是低價、更小的尺寸或更大的便利性等價值特性。其他破壞性技術還包括一個產業裡既有公司沒有服務的全新或新興的市場區隔。克里斯汀生發現，短期破壞性科技一般的表現並不如成熟產品。因此毫不意外的是，在技術發展早期，領先的公司往往會忽視、忽略或排斥這些技術。

其次，技術的進步往往比市場需求的增加來得快。成熟的公司一般都會提供超過客戶需求或比客戶最終願意支付金額還高的產品。這讓破壞性技術得以出線，因為即使它們今天無法滿足多數用戶的需求，它們的產品性能改善在明天會完全具有競爭力。

最後，對於既有公司來說，放棄破壞性技術似乎很合理，因為破壞式產品一般的毛利較低，在不重要或新興市場上經營，而且帶給公司最多獲利的客戶並不需要。因此，在傾聽客戶並實行傳統財務紀律的公司很容易放棄破壞性技術。

當然，公司不應該停止傾聽客戶的意見，相反的，公司必須滿足今天客戶的需求，而且要預期客戶明天的需求。有些客戶本身並不知道未來想要什麼產品或服務。由於破壞性技術可能為明天客戶提供解決方案，公司必須一直從現在有效的實務與未來有效的實務中取得平衡，因為今天的解決方案也許很快就會過時。就像英特爾（Intel）的傳奇執行長安迪·葛洛夫（Andy Grove）說道：「只有偏執狂才能生存。」[11]

電影出租業務是一種破壞性技術發揮作用的例子。[12]1990 年代後期，百視達（Blockbuster Video）是家庭觀看電影出租的領導者，到了 2000 年代初期，這家公司經營超過 9000 家商店，市值高達 50 億美元。百視達允許客戶在特定期間出租影片，到期未還時收取滯納金。根據報導，百視達光是一年就賺到 8 億美元的滯納金，占公司營收超過 15％。[13]

Netflix 在 1997 年成立，在幾個重要面向上改善客戶的價值主張，包括寄送 DVD 的便利性與不收取滯納金。Netflix 在 2007 年引進串流，不再需要處理實體光碟，而且最後開始製作自己的內容。Netflix 重新徹底定義這場賽局，而且推出全新的價值網絡。截至 2020 年，Netflix 的市值是 2000 億美元，而百視達則在

2010 年申請破產保護。

　　破壞性技術會使投資人降低對一些知名公司的預期，同時創造出全新而有價值的公司。舉例來說，筆記型電腦製造商因為智慧型手機的推出被擾亂。你應該警惕先價值網絡的出現，以及他們播下預期改變的種子。

預測競爭對手的行動

如果你正在考慮創立一間新的造紙廠，你會根據一些對經濟成長的假設做出決定……然而，我們似乎從未考慮過競爭對手的反應。還有誰會同時創立一間廠房和機器？

財務長，國際論文 [*]

　　你不能憑空評估一家公司的行為，因為各個公司會對彼此之間的競爭行動做出反應。賽局理論是考量產業對抗的有用工具，而且特別適用於兩種事業情況，那就是週期性事業的訂價和產能增加。[†]

　　企業合作訂出產品價格的產業，比企業競爭訂出產品價格的產業取得更多的獲利。中國兩家叫車公司阿里巴巴掌控的快的打車與騰訊擁有部分股權的滴滴打車的交易就證明這一點。2014 年初期，滴滴打車以降價和補貼的方式來努力贏得市占率。快的打車馬上跟進。因為競爭對手在不到六個月的時間花了 3.25 億美元，使產業獲利大幅下降。那年六月，這些公司用價格戰前市場份額相似的理由各退一步。兩家公司最終在 2015 年合併，有助於使市場進一步合理化。‡

另一個例子是在產業週期高鋒決定增加產能。如果一家公司增加產能，而競爭對手沒有，那這家公司獲利就會大幅增加。如果它放棄投資，而競爭對手增加產能，那競爭對手會賺到增加的獲利。不過，如果所有玩家都增加產能，沒有人會受益，而且下一次的周期性衰退對所有廠商都會更為痛苦。因此，對一家公司行為的競爭性反應，會對預期修正產生重要影響。

---

* "Stern Stewart EVA Roundtable," *Journal of Applied Corporate Finance* 7, no. 4 (Summer 1994): 46–70.

† Adam M. Brandenburger and Barry J. Nalebuff, *Co-opetition*: 1. *A Revolutionary Mindset That Combines Competition and Cooperation*. 2. *The Game Theory Strategy That's Changing the Game of Business* (New York: Doubleday, 1996).

‡ Charles Clover, "China's Internet Giants End Expensive Taxi App Wars," *Financial Times*, August 17, 2014.

五力分析是了解產業面獲利能力驅動因素的寶貴方法，而且破壞式創新架構在評估對現狀的威脅而言很有用。但是我們最終還是希望了解個別公司的潛在預期修正。為此，我們需要轉而評估一家公司的相對地位。

公司如何增加價值

策略學教授亞當·布蘭登伯格（Adam Brandenburger）和哈本·史都華（Harborne Stuart）對於一家公司如何增加價值提供一個非常具體與合理的定義。[14] 他們的方程式很簡單。

公式 4.1

增加的價值＝支付的意願－機會成本

這是說，一家公司創造的價值是它從產品或服務中獲得的價值，扣除生產那項成本的成本（包括資金的機會成本）。

有些定義在這裡很有用處。就從支付意願開始說起。想像一下，有人給你一支新的網球拍，因為你喜歡網球，這對你很有價值。現在想像同一個人慢慢的從你的銀行帳戶提取少量的現金。在擁有球拍或現金之間你覺得沒什麼差異的金額，就是你願意支付的價格。如果你願意以低於願意支付的價格來購買一項產品和服務，你就享有消費者剩餘。

圖 4.4 價值的來源

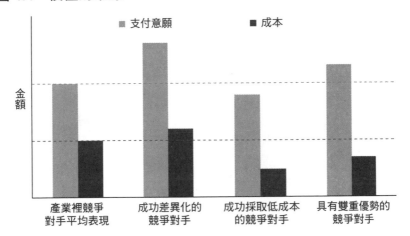

資料來源：Pankaj Ghemawat, *Strategy and the Business Landscape*, 4th ed. (New York: Ghemawat Publishing, 2017), 51. 經作者許可使用。

機會成本只是另一面。你去一家商店，從貨架上拿了一隻網球拍。機會成本就是商店需要從你那裡得到的現金，這個現金數字會使你擁有現金和網球之間的感覺沒有什麼差異。

這導致一家公司創造價值的兩種主要方式。首先是能夠增加客戶的付款意願，同時保有成本競爭力。這樣的策略通常稱為差異化。當你聽到差異化時，你應該視為是收取更高的相對價格的能力。

第二種是以較低的相對成本生產商品或服務，同時能夠收取足夠價格的能力。這是一種低成本策略。成本效益也許是較低的營運成本或更有效利用資金的結果。事實上，很多破壞式創新是透過較低的成本和資金需求而成功。圖 4.4 總結這些策略地位，包括少數享有客戶支付意願高於平均水準，以及成本低於平均水準的公司。

現在我們知道公司如何增加價值來享有競爭優勢，我們需要隔離績效優異的來源。為此，我們回到麥可・波特的研究。

價值鏈分析

麥可・波特使價值鏈分析變得更為普及，這個分析把一家企業視為「為了設計、生產、行銷、交付產品和提供產品支援而執行活動的集合體」。[15] 與波特密切合作的學者與編輯、對波特的研究提供精采闡述的瓊安・瑪格瑞塔（Joan Magretta）寫道：「**這些活動**是獨立的經濟職能或流程，像是管理供應鏈、經營一組銷售團隊、開發產品，或是將產品交給客戶」。[16]

波特和瑪格瑞塔認為，你無法藉由查看職能領域或整個公司來了解競爭優勢。相反的，你必須分析一家公司交付產品或服務所執行的獨立活動。每個活動都會幫助或削弱一家公司獲取並維持競爭優勢的能力。

波特提到，你可以藉由策略性的解構相關活動來分析一家公司相對於同業的成本狀況或產品差異化。產業裡公司之間的價值鏈比較，可以幫助你找出決定競爭優勢的差異點。

價值鏈分析與大多數的企業相關，尤其是參與兩種關鍵活動的產業：

- **垂直整合的活動**。垂直整合的企業從事的活動必須把所有原物料轉換成最終商品。價值鏈分析有助於確定一家公司執行那些活動是否相對有效率。當一家公司可以將低報酬的活動大幅改進或外包時，這個分析尤其有用。
- **容易受到技術變革影響的活動**。技術會導致價值鏈解體，而且讓公司專注在一系列範圍狹窄的活動上。仰賴少數活動來獲利的垂直整合公司，可能會受到能夠更好執行特定活動的專業公司威脅。

圖 4.5 顯示的是價值鏈，這讓你可以將一家公司的活動分解成具有策略意義的重要部分，並評估這家公司的活動相較於其他產業參與者的表現。

瑪格瑞塔提出一些使用價值鏈的方法來確定一家公司的潛在

圖 4.5 價值鏈

| 研發 | 供應鏈管理 | 營運 | 行銷與銷售 | 售後服務 |

資料來源：Joan Magretta, *Understanding Michael Porter: The Essential Guide to Competition and Strategy* (Boston, MA: Harvard Business Review Press, 2012), 76. 經許可使用。

競爭優勢來源：

- **從公司到產業進行比較**。查看各產業的活動配置方法。尋找可能反應競爭優勢與劣勢的差異點。一家價值鏈與同行非常相似的公司很可能會踏上麥克·波特稱為「競爭到最好」這種通往業績表現不佳的道路。

- **確認價格驅動因素或差異化來源**。為了創造卓越的價值，一家公司需要以不同的方式執行活動，或是執行不同的活動。這需要做出權衡，決定在到達策略交叉口的時候不朝另一條路走。差異可能來自價值鏈上的任何地方。

- **確認成本驅動因子**。估計與每個活動相關的成本。尋找這家公司的成本結構和與競爭對手之間的差異。你可以藉由查明成本優勢或劣勢的特定驅動因子來得到重要的見解。

　　瑪格瑞塔認為，價值鏈思維位導致一些重要的後果。第一個是這些活動不再被單獨視為成本，而是為最終產品或服務增加價值的步驟。這會使你將價值鏈與對顧客創造的價值搭配在一起。第二是這個分析迫使你用超越公司的視角檢視，包括以一個包含其他實體更大的價值體系。舉例來說，亞馬遜等電子商務公司仰賴及時交付產品的能力。他們需要執行活動，確保他們仰賴的送貨員可以完成工作。

　　在這一點上，你的分析應該可以提供你這個產業表面看起來的情況、獲利能力和經營停擺風險的驅動因子，以及你正在研究的公司潛在的競爭優勢來源。這項評估構成確立一個基礎，可以決定一家公司是否可能達到、低於或超出股價所隱含的財務表現。

資訊經濟學

　　數十年來，許多公司的主要投資形式已經從實體資產轉向無形資產。這會影響這些投資在財務報表上的呈現方式，而且需要了解實體產品和知識型產品之間的區別。在經濟學家卡爾‧夏培洛（Carl Shapiro）和海爾‧韋瑞安（Hal Varian）的《資訊經營法則》（*Information Rules*）書中，他們有說服力的顯示出基本的經濟原理可以永久解釋資訊經濟。[17] 關鍵在於，基於知識型資產的公司所具有的特性與基於實體資產的公司不同。因此，你必須以稍微不同的方式評估它們。

在這一節，我們會重點介紹其中的一些特性，並分享我們發現很有用的兩個模型。在幾乎所有的情況下，這些模型都與我們之前探討過的架構一致。以下是資訊商品值得考量的一些屬性：

- **前期投入成本高、增加成本低**。很多知識型產品在第一次創造出來時成本非常高。然而，一旦採用數位的形式，它們在複製和交付上相對便宜。以軟體為例，微軟一年花數十億美元在研發上，但是複製和交付軟體的成本非常低。因此，微軟享有「遞增的報酬」。[18] 實際上，多銷售一份產品的每一美元營收，都會增加知識型公司的盈餘和現金流。因此，知識型公司可以在某一段時期享受遞增的報酬，而非遞減的報酬。

- **網路效應**。當一項產品或服務的價值隨著更多使用產品或服務的成員增加時，就存在網路效應。就像一個例子，Uber 是一家對乘客和駕駛都有吸引力的轎車公司，正是因為很多乘客和駕駛都聚集在平台上。在特定的產業類別中，正向回饋（positive feedback）往往意味著一個網路成為主導者。因此在贏家通吃的市場發展下，隨著產業獲利移往主導的玩家，不確定性就會增加。對贏家的期望會增加，而對輸家的期望會下降。

- **鎖住效應。**一旦客戶為了特定產品開發出用戶技能，或是為一個產品設定公司標準，即使對手的產品性能更好或價格更低，它們在轉換成競爭對手的產品時往往會猶豫。因此，這家公司就「鎖住」客戶，使他們以更為開放的態度去購買高獲利的產品升級，而不是從其他來源購買產品。夏培洛和韋瑞安介紹很多形式的鎖住效果，包括特定品牌的培訓和忠誠度計畫（loyalty programs）。[19]

接下來我們檢視由班・湯普森（Ben Thompson）創立的模型，班・湯普森是自媒體 Stratechery 的作者，專門探討科技產業的策略。湯普森開發出聚合網站和平台理論（theories of aggregators and platforms），有助於解釋各公司在技術和媒體產業的競爭地位。以下是這些模型的簡要摘要：

- **聚合理論（Aggregation theory）**。聚合網站是整合來自供應商的豐富內容，並讓用戶可以輕鬆取得內容的公司。Google 就是一個典型的例子。你在 Google 上搜尋，會連結到在搜尋結果中感到滿意的網站。湯普森認為，成功的聚合網站有三個主要特性：它們擁有與用戶的關係、服務新用戶的邊際成本是 0（或非常低），以及取得用戶的成本會因為正向回饋而下降。其他聚合網站的例子包括 Netflix、Airbnb 和亞馬遜。

- **平台公司**。平台公司促進第三方供應商和最終用戶之間的關係。一個例子是 Shopify，這是提供商店經營服務的商務平台，並提供零售銷售點系統。Shopify 沒有直接跟平台上商家的客戶交易，相反的，它提供這些商家在這個市場上有效經營而必備的工具。這些企業創造一個生態系統，而且取得創造價值中的一小部分。其他平台的例子包括 Stripe、微軟的視窗生態系統和亞馬遜網絡服務（Amazon Web Services）。

聚合網站享有規模經濟，因此創造一個龐大的進入壁壘。而平台成為生態系統不可或缺的一部分，因為它們為用戶創造大量的轉換成本。這些主要投資在無形資產的公司，有許多都無法消除產業驅動因子和具體的競爭優勢來源的重要性。

在數位世界中，客戶轉向訂閱制來解決需求和期望的情況愈來愈多。我們曾把實際的照片塞進鞋盒裡，但現在有訂閱制可以把它們用數位存在 iCound 相簿。去電影院的旅程有部分已經被遙控器和 Netflix 的訂閱制所取代。許多公司之前常常購買套裝軟體，但現在則是訂閱軟體即服務（software as a service, SaaS）。

行銷學教授丹尼爾・麥卡錫（Daniel McCarthy）和彼得・法德（Peter Fader）開發稱為「基於客戶的公司價值評估」（customer-based corporate valuation, CBCV）[20] 這個方法藉由分析客戶關係經濟學（the economics of customer relationships），從下到上評估一家公司。一個客戶的價值是客戶在成為客戶期間產生的現金流量現值，扣除取得這個客戶的成本。現金流量是營收減去所有相關的成本。客戶維繫一般會以流失率表示，或是在特定期間內停止使用一家公司的產品或服務的客戶比例來表示。

客戶終生價值的概念已經存在幾十年。基於客戶的公司價值評估法主要的貢獻是有能力準確預測銷售成長，這非常有用，因為銷售成長一般都是最重要的價值驅動因子。要進行一個適當的CBCV 分析，你需要一個客戶取得模型去了解多快會有新客戶加入、一個客戶維繫模型來了解他們維持積極買家表現的時間有多長、一個購買模型去了解他們有多常購買產品或服務，以及一個模型去了解他們交易時會買進多少東西。[21] 大多數公司並不會接露如此詳細的資訊，但是在很多情況下，有機會做出有根據的估計。

麥卡錫和法德使用這些模型來產生營收預期，然後減去相關的成本來定義自由現金流量。他們的價值評估模型是根據傳統的貼現現金流量。我們把這個討論放進資訊經濟學，因為取得客戶的成本一般會呈現在損益表的費用上。這些成本的例子包括行銷費用和免費試用的費用。

雖然你可以使用 CBCV 來估計一家公司的價值，不過我們相信這個方法如果作為預期投資法的工具會更為強大。一家公司的股價會讓你確定你需要相信那些關鍵客戶指標來證明目前的股價是合理的。反過來說，客戶業務的經濟學更大程度是仰賴公司在哪個產業競爭，以及公司的戰略地位。

預期投資法不只與經營價值驅動因子的預期改變有關，它還可以藉由結合預期的基礎架構和競爭策略分析，幫助投資人明智判斷可以在哪裡找出潛在有利可圖的機會。

重點整理

- 預測修正預期最可靠的途徑是預見一家公司競爭動態的改變。

- 管理階層和投資人有不同的業績難題。管理階層試圖得到高於資金成本的報酬，投資人則試圖正確預測市場預期的改變。

- 藉著顯示出經營價值驅動因子過去出現最大的改變，以及產業似乎有多穩定，歷史的業績表現和狀況可提供對潛在投資因子變化的見解。這種類型的分析提供一個對預期範圍的現實查核。

- 五力分析模型有助於說明產業獲利能力的驅動因子，而破壞式創新模型則會顯現企業經營潛在的脆弱性與機會。

- 當客戶的支付意願超過公司的機會成本時，公司就會創造價值。各個公司可以藉由擁有支付意願高於平均水準（差異化）、低於平均成本（成本優勢）或兩者兼具來取得優勢。價值鏈分析有助於查明優勢的來源。

● 經濟規律沒有改變，但重要的是要認識實體商品和知識
型商品業務有不同的特徵。

PART 2

開始執行

第五章

隱藏在股價中的預期

投資人必須正確預測股市預期的變化，才能得到優異的投資報酬。但是在你能夠考量預期修正的可能性和幅度之前，你必須清楚了解今天的預期是什麼。

如果問一般投資人是否有興趣了解市場的預期，你會聽到他們大聲說是。但是如果你問他們如何解讀市場，他們可能會仰賴很多同時期的統計基準，像是短期盈餘和本益比。雖然這些簡略的投資指標無處不在，但根本無法描繪出今日預期在經濟上的完整面貌，因為他們與股東價值沒有真實可信的連結。

你必須從市場的角度去思考，才能正確解讀包裹在股價中的預期。長期貼現現金流量模型最能反映股票市場的訂價機制。然而，投資人應該可以合理認定預測遠期的現金流量極其危險。要做出可信的長期預測很困難,而且這往往只會顯示出進行預測的投資人潛在的偏見。就像華倫・巴菲特說到:「預測通常會告訴我們更多與預測者有關的事,而不是告訴我們未來的事。」[1]那麼,你該怎麼辦?

　　理想的解決方法會讓你在無需承擔現金流量預測的負擔下,使用貼現現金流量模型。這正是預期投資法在做的事情。預期投資法不是從預測現金流量開始,而是從目前的股價開始,並使用貼現現金流量模型去「解讀」市場隱含一家公司的未來業績表現。這種對價格隱含預期的估計,就開啟預測投資法流程。(見5.1)

　　可以這樣想:一個人比市場的集體智慧更難預測一個不確定的未來,那麼為什麼不直接從源頭取得價格隱含預期呢?

　　許多投資人和高階經理人會對股價有些疑慮,認為股價無法一直正確傳達價值。但是預期投資法的投資人有不同的看法。對他們來說,股價是最好且最少被利用的資訊來源。股票價格,也就是買賣雙方願意交易的價格水準,在任何時間都是最清楚可靠的市場預期指標。你只需要知道如何解讀今天的市場,而且預測明天的預期可能是什麼。

　　在解釋如何解讀預期之前,還有最後一個看法要說明。我們

圖 5.1　預期投資法流程

以老師、證券分析師和顧問的身分對許多股票進行預期分析，結果通常會讓投資人和公司的高階經理人感到驚訝。

假設在市場關注短期表現的投資人驚訝的發現，實際上要採用長期的眼光。本能認為市場低估公司股票價值的企業高階經理人往往會驚訝地發現，市場預期比他們的預期更有野心。因此，在最初幾次解讀價格隱含預期時，你可能會很驚訝。

解讀預期

在第二章中，我們說明自由現金流量、資金成本和預測期間的組合將決定貼現現金流量模型的價值。我們還會注意到，預期投資法使用相同的計算工具，但是將流程倒過來，從股價開始，然後估計現金流量、資金成本與預測期間的預期，來證明股價合理。

以下是一些解讀預期方法的操作指南。雖然你應該會發現這些技巧很有用處，但是要注意，解讀預期既是一門藝術，也是一門科學。解讀預期的能力會隨著經驗和產業知識而改善。

最後，你應該在沒有任何先入為主的情況下踏入預期投資法流程的這個步驟。現在盡量不要預知任何結果。你在這個時候的目標是解讀市場的想法。你會有機會在另一個步驟中評估這些預期的合理性。

▎現金流量

你可以查閱很多資料來源來建立市場對銷售成長率、營業利益率和投資成長率普遍的預測。這些來源包括《價值線投資調查》、《晨星》（Morningstar）、*FactSet*、《彭博》、《標普智匯》（*S&P Capital IQ*）、《路孚特》（*Refinitiv*）、華爾街的報告，以及管理階層提供給投資人的資訊。為了評估市場普遍預測價值驅動因子的合理性，要根據競爭情勢來評估產業環境。最後，回顧過往價值驅動因子的表現，並注意過去和預期表現之間任何可觀的差異。

資金成本

使用第二章〈市場如何評價股票？〉中所概述的方法來估計一家公司的加權平均資金成本，以下是一些額外的指引：[2]

- 《彭博》和 FactSet 是提供估計資金成本的幾家服務公司。
- Beta 值可以從很多來源取得，包括《彭博》、《價值線》、《標普智匯》和 雅虎財經（Yahoo Finance）。
- 金融學教授亞斯華斯‧達摩德仁、多家券商與道橫（Duff & Phelps）等顧問公司有提供前瞻性的市場風險溢酬估計。

非營業項目資產與負債

你通常不必估計非營業項目資產或公司負債，像是計息債務或提撥不足的退休基金（underfunded pension funds），因為它們會出現在資產負債表上。

常見的非營業項目資產包括超額現金和有價證券、關係企業的非合併子公司和投資、超額提撥的退休基金，以及稅損結轉

（tax loss carryforwards）。在估計非營業項目資產與負債時，一定
要考量資產負債表上認列的價值和市場價值之間的差異，以及稅
負影響。

▌ 市場隱含預測期間

最終價值的決定因素是證明股價合理所需的自由現金流量年
數。我們稱這段期間為市場隱含預測期間。（也稱為「價值成長
期間」和「競爭優勢期間」，這個概念與「衰退率」的概念一
致。）[3]

實際上，市場隱含預測期間衡量的是「市場預期一家公司在
超過資金成本的投資增加上所產生的報酬」。這個模型假設公司
在市場隱含預測期間之後進行的額外投資會賺到資金成本一樣的
錢，因此不會增加更多價值，美國股票的市場隱含預測期間在 5
到 15 年之間，但對具有強大競爭地位的公司而言，這個數字的
範圍可以從 0 到長達 30 年。[4]

一旦你確定市場對未來自由現金流量與資金成本的預期，就可
以算出市場隱含預測期間。你可以藉由把貼現現金流量模型的預測
期間延長至達到今日股價所需要的年數來做到這點。舉例來說，如

果你必須將貼現的自由現金流量（加上持續價值）延長到 12 年，才能達到公司目前的股價，那麼市場隱含的預測期間就是 12 年。

個案研究：達美樂披薩

藉由分析跨國披薩連鎖餐飲公司達美樂披薩的股票，來讓這個概念更為具體。當我們在 2020 年 8 月分析這檔股票時，達美樂的在外流通股數有 3930 萬，股價大約是 418 美元，市值約為 160 億美元。

▌現金流量

為了估計股價 418 美元所隱含的預期，我們檢視《晨星》、《價值線》和分析師的估計。我們得到以下市場普遍的預測：

銷售成長率	7.0%
營業利益率	17.5%
現金稅率	16.5%
固定資產增加率	10.0%
營運資本增加率	15.0%

銷售成長率、營業利益率和現金稅率決定稅後淨營業利益（NOPAT）。固定成本和營運資本增加率告訴我們每增加一美元的銷售，達美樂要投資 0.1 美元的固定資本（或是說資本支出減去折舊），以及 0.15 美元的營運資本。這是我們對於市場認為達美樂披薩營運價值驅動因子表現的最佳估計。

█ 資金成本

　　在分析的這個時刻，美國十年期無風險公債殖利率是0.65％，市場風險溢酬估計為 5.1％，而且 beta 值是 1.0。為了估計 beta 值，我們從產業的未舉債 beta 值開始，並用來反映達美樂的資本結構。雖然以股價計算的 beta 值比 1.0 還低，但產業數據更能代表我們判斷達美樂的風險。因此，達美樂的股東權益成本為 5.75％〔0.65% +（1.0×5.1%）= 5.75%〕。

　　達美樂的稅前債務成本是 4.55％，使稅後債務成本為 3.8％〔4.55%×（1 − 16.5%）= 3.80%〕。達美樂的債務占總資產比例大約 20％，因此加權資金成本是 5.35％〔（0.80×5.75%）+（0.20×3.80%）= 5.35%〕。

▋ 非營業項目資產和債務

截至 2019 年底，達美樂的非營業項目資產包括約 3.9 億美元的多餘現金和有價證券，相當於每股 10 美元。達美樂的負債幾乎全是債務，總計大約為 41 億美元，即每股 105 美元。

市場隱含預測期間

以下是我們計算達美樂 8 年的市場隱含預測期間的方法。從 2020 年開始，我們計算達美樂在每年年底的每股股東價值（表 5.1）。請注意，我們使用永續並有通膨法來計算持續價值，因為我們相信達美樂的稅後淨營業利益和投資在市場隱含預測期間之後會隨著通貨膨脹增加。接著，我們盡可能延長預測期間，直到每股價值等於目前的股價為止。

我們估計達美樂在 2020 年底的價值是每股 285 美元，而且每年都會增加，直到在 2027 年底（第八年）達到 418 美元的股價。因此，市場隱含的預測期間是 8 年。

表 5.1 計算達美樂比薩的市場隱含預測期間（單位：百萬美元）

	2019	2020	2021	2022	2023	2024	2025	2026	2027
營收	$3,618.8	$3,872.1	$4,143.1	$4,433.1	$4,743.5	$5,075.5	$5,430.8	$5,811.0	$6,217.7
營業利益	629.4	677.6	725.0	775.8	830.1	888.2	950.4	1,016.9	1,088.1
減去：營業利益的現金稅	105.2	111.8	119.6	128.0	137.0	146.6	156.8	167.8	179.5
稅後淨營業利益（NPOAT）	524.2	565.8	605.4	647.8	693.1	741.7	793.6	849.1	908.6
營運資本投資增加		25.3	27.1	29.0	31.0	33.2	35.5	38.0	40.7
固定資本投資增加		38.0	40.7	43.5	46.5	49.8	53.3	57.0	61.0
投資		63.3	67.8	72.5	77.6	83.0	88.8	95.0	101.7
自由現金流量		502.5	537.7	575.3	615.6	658.6	704.8	754.1	806.9
自由現金流量現值		476.9	484.4	491.9	499.6	507.4	515.3	523.3	531.5
累積的自由現金流量現值		476.9	961.3	1,453.2	1,952.8	2,460.2	2,975.5	3,498.8	4,030.3
持續價值的現值		14,523.2	14,749.7	14,979.7	15,213.3	15,450.6	15,691.5	15,936.2	16,184.8
公司價值		15,000.1	15,711.0	16,432.9	17,166.1	17,910.8	18,667.0	19,435.1	20,215.1
加上：非營業項目資產		391.9	391.9	391.9	391.9	391.9	391.9	391.9	391.9
減去：債務和其他負債		4,170.0	4,170.0	4,170.0	4,170.0	4,170.0	4,170.0	4,170.0	4,170.0
股東價值		11,222.0	11,932.9	12,654.8	13,388.0	14,132.7	14,888.9	15,656.9	16,437.0
每股股東價值		$285.18	$303.25	$321.60	$340.23	$359.15	$378.37	$397.89	$417.71

為什麼要重新審視預期？

第十二章會專注探討預期修正的機會來源。但是當股價出現重大變化或一家公司接露重要的新訊息時，你應該要準備好重新審視價格隱含的預期。通常，這兩件事情會同時發生。

舉例來說，因為盈餘不如預期而使股價大幅反應的公司，理所當然是重新審視預期的可能標的。盈餘與預期不同，不管情況對公司有利還是不利，有時都會導致市場反應過度。

以通信設備製造商繽特力（Plantronics）2019 年 11 月的公告為例。繽特力沒有達到銷售與盈餘預期，獲利目標減少，而且提到要減少銷售管道的產品存貨。儘管公司表示營收下滑是「短暫性的因素導致」，而且重申長期前景，但是市場的反應是迅速暴跌 37%。[5] 如果一家公司的聲明顯示對長期營收和盈餘有較低的預期，那麼暴跌是有道理的。另一方面，如果成長的中斷確實是暫時性的，那麼較低的股價可能代表可以買進的機會。

重要新資訊的幾個例子包括合併和併購交易、重大的買回庫藏股計畫，以及高階主管薪資獎勵計畫的重要改變。我們會在第十章討論合併和併購的訊號隱含的意義，並在第十一章討論買回庫藏股計畫的訊號隱含的意義。

重點整理

● 為了正確解讀預期，你必須從市場的角度來思考。預期
投資法可以讓你利用貼現現金流量模型的優點，而且不
需要預測長期的現金流量。

● 在考量預期修正的可能性和幅度之前，你需要清楚了解
目前的預期情況。

● 你可以用公開取得的資訊來源去估計價格隱含的預期。

● 當股價明顯改變或一家公司接露重要的新資訊時，你應
該要重新審視對預期的分析。

第六章

辨識預期機會

　　我們現在轉向預期投資法流程的第二步：辨識預期機會（圖6.1）。有些預期的修正不可避免會比其他的預期修正重要。專注在重要的地方可以讓你更有效率的分配時間，並增加找到高潛在報酬的機率。

　　你要做的第一件事是隔離可能對股東價值產生最大影響的價值觸發因素。我們稱這是「渦輪觸發因素」。就像汽車的渦輪增壓系統會增加馬力一樣，渦輪觸發因素可以讓你有能力找出最重

圖 6.1　預期投資法流程

要的事情。目標是在目前價格隱含預期和未來修正間找出可觀、而且有機會可以改善的差異。

尋找預期機會

辨識預期機會的基礎包含兩個數據集和兩個工具（圖 6.2）。兩個數據集是歷史表現和價格隱含預期，也就是市場對公司未來表現的預期。過去的表現可以作為一種實質審查，審查對價格隱含預期的合理性，以及你對預期可能修正的評估。

兩個工具是預期的基礎架構（第三章）與競爭策略分析（第四章）。預期的基礎架構可以對股東價值的潛在來源進行系統性分析。競爭策略分析則讓你評估產業的吸引力與一家公司選擇的策略。這些工具結合起來可以為市場預期的潛在修訂提供不可或缺的見解。

評估觸發因素

預測預期的機會有幾個步驟，這可以讓你辨識渦輪觸發因素，並改善你對股東價值預期影響的估計。

圖 6.2　辨識投資機會

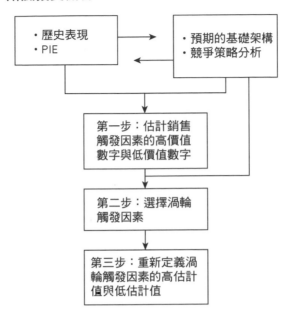

步驟 1：估計銷售觸發因素的高價值數字與低價值數字，並計算因此產生的股東價值

我們從銷售觸發因素開始，因為銷售的修正可能會導致股東價值出現明顯改變。從銷售開始還會讓你快速確定你是否應該花時間在另外兩個價值觸發因素（經營成本和投資）上，這可以大大減少你的分析工作，因為你專注在重要的事情上。

為了估計銷售觸發因素對股東價值的影響，首先需要估計一系列的銷售成長率，包括高成長與低成長情境下的情況。使用基準數據（歷史表現和價格隱含預期）和分析工具（預期的基礎架構和競爭策略分析）可以建立這些預測。

基本練習是仔細考慮銷售成長率和四個價值因子（數量、價格與產品組合、營運槓桿和規模經濟）間的關係。這會讓你評估各種銷售成長率如何影響營業毛利率，以及因此而得出相應的股東價值。研究這些結果。這些數字的範圍可以描述潛在銷售成長會帶來的股價改變。

對於一些公司，尤其是營運槓桿比較大的公司，銷售驅動的價值因子會對營業利益率產生大幅的正面與負面影響。在其他情況下，價值因子會相互抵銷。舉例來說，領導市場的公司，像是沃爾瑪和好事多，會透過較低的價格來將規模經濟和成本效益傳遞給消費者。而對於其他公司來說，銷售改變的結果對營業利益率的影響並不足以證明進行詳細分析是合理的。

這個步驟還定義成本或投資這兩個驅動因子要影響股東價值變動多大，才有資格成為渦輪觸發因素。

步驟 2：選擇渦輪觸發因素

藉由判斷成本或投資必須與價格隱含預期的估價相差多遠，才會使其對股東價值的影響大於銷售驅動對股東價值的影響，就可以確認成本或投資是否有資格成為渦輪觸發因素。

假設你要估計一檔目前股價 20 美元的股票價格隱含預期。藉由預期的基礎架構過濾，銷售成長率高估與低估時的股東價值分別是每股 30 美元與 10 美元。使用預期的基礎架構來計算高營業利益率與低營業利益率，只考慮成本效率的結果，需要對股東價值產生一種可以比較的影響。查看這個結果並考量這個營業利益率成為那個變數的可能性。

舉例來說，假設 20 美元的股價暗示營業利益率是 10%，高銷售成長率估計可以支撐 30 美元的股價與 17%的毛利，低銷售成長率估計顯示會有 10 美元的股價與 3%的毛利。接著你可以估計，如果潛在的成本節省是否有資格成為渦輪觸發因素。你可以應用相同的流程來測試投資觸發因素導致的投資增加率改變。

如果股東價值對成本或投資的改變很敏感，使成本和投資有資格成為渦輪觸發因素，你應該重新檢視那個觸發因素，估計影響價值驅動因子（不論是營業利益率或投資增加率）的高低範圍，並計算因此產生的高股東價值與低股東價值。

資金成本與市場隱含預測期間呢？

尋找預期機會主要應該關注價格觸發因素和它們催生的價值驅動預測，而不是關注資金成本或市場隱含預測期間。這裡說明原因。

從資金成本開始說起。利率的改變會影響股價，因為它們會影響貼現率。通常利率的改變（而非業績預期的修正）可以解釋股價的變動。然而，仰賴利率預測來達到選擇個股的目的是一場失敗的遊戲。利率變化會影響所有股票，儘管影響程度不同。如果你對利率的變動方向有堅定的看法，請重新調整股票、債券和現金的組合占比。

以我的經驗來說，同一個產業裡的公司，預測的期間通常都聚集在很狹窄的範圍裡。如果一家公司的市場隱含預測期間明顯比同業來得更長或更短，那你應該小心的重新檢查價格隱含預期的價值驅動因子，來確保你已經準確反映出市場共識。假如這家公司的競爭狀況接近產業的平均水準，那麼相對短的市場隱含預測期間可能發出一個買進機會的訊號，而較長的期間則是發出一個賣出機會的訊號。

固定的市場隱含預測期間等同於預期的持續改變。舉例來說，假設一家公司今天的預測期間是 4 年，而且從現在開始的一年間保持不變。如果預期真的沒有改變，從現在開始的一年，市場隱含預測期間會是 3 年，而不是 4 年。在這樣的情況下，買進預期會創造 4 年價值的股票的投資人會額外獲得一年的紅利。假設公司的經營價值驅動因子沒有抵銷預期的改變，那麼這個正向預期的轉變會創造額外的報酬。

步驟 3：改善渦輪觸發因素的高低估計，並計算因此產生的股東價值

在決定買進、賣出或持有前，你應該改進最初對渦輪觸發因素變動性的估計。具體來說，更加深度探討價值的領先指標。領先指標是可以衡量、可明顯影響渦輪觸發因素，並因此影響股東價值的目前成果。例子包括客戶維繫率、新產品的上市時間、按時開新店的數量、品質的改善情況，以及從接到訂單到發貨的平均週期時間。兩個或三個關鍵指標一般會占渦輪觸發因素的變化很大一部分的比例。

需要避免的陷阱

我們偶爾都會陷入心理陷阱，使我們無法取得更高的投資報酬。當我們使用經驗法則或捷思法（heuristics）來降低對有效決策的資訊需求時，這些陷阱就會出現。雖然捷思法可以簡化分析，但是它們也可能產生影響我們決策品質的偏見。直覺通常會建議採取更深思熟慮的分析來證明這是次佳的行動方案。在確定潛在預期修正的範圍時，一定要避免兩種常見的偏見，那就是過度自信和確認偏誤。就來更仔細查看這些陷阱。

研究人員發現，人們總是會高估自己的能力、知識和技能。這在他們專業知識之外的領域尤其重要。這種過度自信有幾種形式。一種是高估情況，意味著你認為自己比實際情況更擅長做某件事。另一個是自視甚高，這是說你感覺在某些任務上你做得比其他人還好。對我們來說，很重要的形式則是過度精確（overprecision），意味著你比應有的情況更過於確信自己的知識正確。[1] 舉例來說，當證券分析師回應他們不太可能知道的資訊請求時（例如非洲的總土地面積是幾平方英里或平方公里），他們會選擇範圍大到足以納入正確答案的機率只有 64%，基金經理人的成功率更低，只有 50%。[2]

當你估計銷售成長率的高低情境來作為尋找預期機會最初步驟的一部分時，請記住過度精確的概念。一個常見的錯誤是考量結果的範圍不夠廣。舉例來說，如果你估計的範圍太窄，你也許會錯誤的認定渦輪觸發因素是成本或投資，而實際上你應該要選擇銷售金額。當你估計的範圍不適當時，你可能會得到誤導的訊號。

你要如何避免過度精確的問題？有幾個簡單而實用的方法：

● 將估計的範圍與這家公司過去的表現、同業和更廣泛的公司進行比較。
● 尋求其他人的回饋意見。
● 追蹤過去的分析，並從錯誤中吸取教訓。

第二個陷阱是確認偏誤，當我們尋找可以證實我們信念的資訊，而對不同看法忽視、忽略或大打折扣時，就會發生這種情況。這種偏誤會在預期投資法流程的兩個部分產生錯誤。第一個錯誤出現在你解讀價格隱含預期的時候。目標是擱置你的看法，而且盡可能保持公正。只有在了解市場的看法之後，才能加入自己的分析。

另一種情況是在根據新資訊出現而更新看法的時候。在我們做決定時，我們都希望做對決定，因此不願承認資訊顯示我們做錯了。一些實驗顯示，投資人更有可能閱讀支持自己觀點的文章，而不是閱讀反對觀點的文章。[3] 聰明的人特別容易受害，因為他們特別擅長證明自己的信念是正確的。

要如何避免確認偏誤？你可以採取以下一些預防措施：

● 在進行價格隱含預期分析時，把自己的信念放在一邊。
● 從不同角度來查看決策
● 記錄下你的看法，並在新資訊證明有必要更新的時候有紀律的做出更新。

個案研究：達美樂披薩

現在繼續討論達美樂披薩的案例，來強化剛才討論的分析。上一章並沒有深入討論達美樂披薩的策略和經營，因為我們的目標是估計價格隱含預期。現在我們需要使用一整套的工具來建立起這家公司更完整的面貌。

達美樂披薩是世界上零售金額最大的披薩公司。截至 2019

年底，這家公司在全球 90 個市場擁有超過 1 萬 7000 個據點，零售金額超過 140 億美元。大約 35％ 的商店位於美國，其餘的商店則遍布世界各地。幾乎所有的店面都是由獨立的特許經營商所擁有和經營。而達美樂直營的數百家店面則可以讓它測試新技術、促銷效果與經營改善情況。

達美樂披薩賺錢的主要方法是根據加盟商的營收收取特許經營權加盟金與食材費用。在美國，這家公司是直接與加盟商聯繫。在海外市場上，這家公司有主要加盟商，這些加盟商擁有品牌的地區經營權。這告訴我們，加盟商的財務狀況對公司的成功至關重要。

達美樂的供應鏈事業是公司最大的部門，提供食物和其他物品給美國與選定海外市場的商店。這項事業可以讓加盟商可以得到品質一致的投入原料、透過訂購和庫存管理來利用技術，並從經濟規模中受益。供應鏈業務會獲利分配給完全依賴公司服務的加盟商。這提供加盟商重要的獲利來源，而且讓加盟商的利益與母公司的利益保持一致。

達美樂披薩主要經營的是披薩產業的外送與外帶業務。在美國，2019 年的產業銷售金額大約是 380 億美元，其中一半外帶，30％ 是外送，20％ 是內用。達美樂在外帶市場的市占率是 16％，外送市場的市占率則是 35%。[4]

　　達美樂披薩在科技與數據的使用上是餐飲業的領導者，這很重要，因為全球零售金額中有超過一半來自電腦、手機和智慧手表等數位管道。這家公司透過這些訂單了解終端使用者的大量資訊，這讓它們可以預測需求、評估新產品和促銷活動的效益，以及管理勞動力和庫存的成本。達美樂披薩的忠誠度計畫中有超過2500 萬活躍用戶，數據庫裡則有 8500 萬客戶的資料。

▌競爭分析

　　策略分析的目標是預測預期的潛在修正。依循我們在第四章概述的評估策略架構，我們研究達美樂披薩的情況，來了解產業的競爭態勢，進行產業分析來評估市場特性，並在最後專注在公司的特定優勢。

　　圖 6.3 顯示披薩產業的產業地圖。有幾點值得注意。第一，達美樂披薩與很多大型國內和國際披薩連鎖店競爭，但是在這個市場中，家庭式商店占 40%。除了披薩以外，快餐產業還有其他強大的競爭對手，包括麥當勞、福來雞（Chick-fil- A）、百勝餐飲集團（Yum! Brands，擁有必勝客、肯德基、塔可鐘等品牌）等

圖 6.3　產業地圖

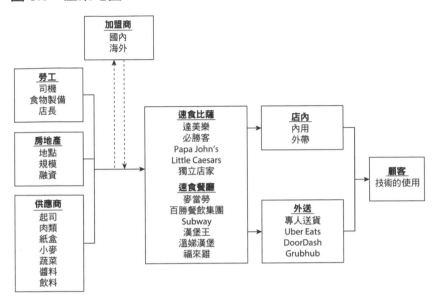

公司。其次，加盟商對產業很重要，因此了解他們的財務狀況非常重要。而且最後，產業地圖顯示客戶與披薩公司如何互動。值得注意的是，達美樂並不在這個產業裡的內用市場競爭。數位管道讓這家公司蒐集大量的客戶資訊，讓公司能夠根據數據做出決策。

　　我們不會進行完整的價值池分析，但很明顯的是，加盟商的獲利能力是這項分析的核心。簡單的說，由於達美樂的營收直接受到加盟商的銷售金額影響，因此它想要渴望成長、快樂與健康

的加盟商。事實上，與美國最大的競爭對手必勝客和 Papa John's
相比，達美樂在新餐廳的建造成本和開業成本最低。達美樂商店
現金的現金報酬率（cash-on-cash return，定義是年度稅前現金流
量除以投資的現金總額）超過 40％，相比之下，快餐產業平均則
是 15％至 20％。[5]

2012 年，這家公司採取「建立堡壘」（fortressing）策略：在
同區域的市場中增加更多商店，來增加商店密度。這個策略使客
戶服務得以改善，讓送貨司機保持忙碌狀態，因此賺得更多，而
且擴大外帶銷售量。從 2011 年至 2019 年，美國特許加盟店的獲
利（稅前息前折舊攤銷前獲利）成長一倍。

加盟商的獲利能力也是股東價值的領先指標。達美樂的銷售
成長率與加盟商的成長掛勾。

表 6.1 的市場份額測試顯示值得注意的幾個重點。近年來，
達美樂的市場份額成長強勁，即使一些大型連鎖店已經失寵。這
是在過去五年成長低於 2％的產業背景下達到的成果。獨立店家
也失去一些市場份額，這與長期趨勢一致。跟其他產業相比，市
場份額的整體改變相對較低，顯示這個產業相對穩定。

我們現在轉向產業分析。我們關注五個影響預期的力量，因
為我們不認為達美樂有很大的風險會被其他公司顛覆：

表 6.1　市場份額測試

比薩餐廳 （美國的銷售金額）	2014（%）	2019（%）	5 年絕對占比改變（%）
達美樂	9.9	14.2	4.4
必勝客	14.8	11.9	2.9
Little Caesars	7.9	7.9	0.1
Papa John's	6.4	5.9	0.5
其他連鎖餐廳	20.1	20.1	0.1
獨立店家	<u>40.9</u>	<u>40.0</u>	<u>0.9</u>
總計	100	100	
平均絕對占比改變			1.5

資料來源：Technomic and CHD Expert.

● **替代品的威脅**。我們可以從兩方面來考慮替代品的威脅，這很重要。第一個是替代的食物選項。披薩和很多產品競爭，而且顧客可以很容易用另一種食物選擇來替換。披薩類的產品穩定成長，顯示顧客持續在這類產品中找到價值並享受其中。另一種威脅是產品交付的方式。近年來，DoorDash 和 Uber Eats 這類的美食外送平台已經成為餐廳與顧客之間的中間商。早些年，這些企業得到大量資金的支援，導致市場上出現積極的促銷和折扣。餐飲業的價值鏈可能會重組，來服務這些平台，這會提供顧客足夠的機會以低成本在各種食物選項間切換。

- **買家的力量**。達美樂把自己定位在價值區隔市場。這是由有效的價值鏈系統所資助。達美樂維持較低的價格和成本，因此沒有受到這種力量挑戰。這個結論進一步可以從健康的加盟商獲利狀況得到支持。

- **供應商的力量**。這個力量也不是達美樂關注的主要來源。這家公司最大的商品成本是起司、肉類、紙箱、小麥、蔬菜和醬汁。達美樂與供應商簽訂長期合約來取得這些原料，而且這家公司相信它可以在不對業務造成重大影響的情況下轉向第三方供應商採購。達美樂的規模和商店密度也讓它可以提供有競爭力的薪資給食物製備人員和司機。勞力和食物成本占達美樂旗下店面銷售金額的50%至60%。

- **進入障礙**。表面上，披薩產業的進入障礙似乎不是特別高，因為資金投入相對較少，而且產品本身也很簡單。但實際上，獨立餐廳流失一些市場份額給了連鎖廠商，這顯示想要從這個事業中獲利是很困難的。大型現有廠商的優勢包括採購和廣告等活動的經濟規模、降低搜尋成本的品牌效應，以及消費者品味與行為的大量數據。最近幾十年來推出的少數新連鎖店在整個市場中依然只占相對較小的部分。

● **與競爭對手的對抗**。披薩產業有很多競爭，但是以銷售金額來看，達美樂是世界上最大的廠商，而且旗下店面的報酬率最讓人心動。價格競爭是企業間對抗的典型訊號。競爭對手非常難比達美樂提供更低的價格，因為達美樂已經定位在價值區隔市場，而且擁有低成本。建立堡壘策略也提供在地的規模經濟，使競爭對手很難與達美樂進行有效的競爭。

產業結構會決定獲利能力，而且美國餐飲業整體上在創造價值。雖然其它連鎖廠商和較小經營商的一些加盟主努力增加價值，但是這種產業結構夠健康，可以讓達美樂在各店面取得讓人心動的獲利能力。這意味著這家母公司創造可觀的價值。

當一家公司從產品和服務中得到的收益比製造它們的成本（包括資金的機會成本）還多時，就會創造價值。我們剛看到這個產業的獲利強健，而且達美樂在產業裡占據讓人心動的地位。我們現在轉向價值鏈分析，去了解達美樂與競爭對手的區別，並評估這些優勢是否會受到預期的修正所限制。（圖 6.4）

圖 6.4　價值鏈

| 研發 | 供應鏈管理 | 營運 | 行銷與銷售 | 售後服務 |

資料來源：Joan Magretta, *Understanding Michael Porter: The Essential Guide to Competition and Strategy* (Boston, MA: Harvard Business Review Press, 2012), 76. 取得使用許可。

　　價值鏈分析的第一部是了解這個產業。餐飲業是相當簡單的事業。商店收到用品、調理食品和飲料，並為顧客提供服務。這些基本活動在所有餐廳都很常見。

　　由於規模效應，達美樂的供應鏈事業讓北美大多數商店而取得品質一致且價格有吸引力的投入原料。供應鏈事業的目的並不是要成為獲利中心，而是要在經營上促進讓人心動的加盟商經濟。其他連鎖店也有專門的產品供應公司，但是較少的經營廠商一般都仰賴與餐廳目標不一致或不適合每家商店菜單上特定產品的食物配送商。

　　策略可以歸結到權衡考量，也許達美樂最重要的決定是不提供有意義的內用選項。這個選擇讓旗下店面更小、更便宜，還讓準備食物時操作簡單與高效率，並更有效的使用勞力。

　　同時，達美樂是以高效率的外送與外帶服務所組成。透過高密度的商店分布，藉由在地的經濟規模，這樣的效率可以進一步提高。這家公司每小時每個市場的訂單遠高於產業平均，這讓公司可以藉由更快交付商品和更好的商店獲利能力來提供夠好的消費者體驗。

技術也使達美樂與同行做出差異化。達美樂一直以來都是數位系統的領導者，包括在銷售點使用的 PULSE 系統（PULSE system），這個系統幫助加盟商更有效率，並提供有價值的資訊給公司的管理階層。

競爭策略分析顯示，達美樂是在相對穩定的產業裡競爭，在整體產業上創造適度的價值。公司透過策略決定專注在外帶和外送，而非內用來增加可觀的價值，並透過技術的應用與建立堡壘的方法來確保加盟商經濟體系有吸引力。公司還在採購、技術和廣告上有規模經濟的優勢。

▌歷史分析

對財務結果的歷史分析（表 6.2）提供以下與未來業績變化有關的線索：

● **銷售成長率**在過去五年都是健康的兩位數字，雖然增加

表 6.2　達美樂披薩過去的經營價值驅動因子

	2015	2016	2017	2018	2019	五年平均
銷售成長率（％）	11.2	11.6	12.8	23.1	5.4	12.7
營業利益率（％）	18.3	18.4	18.7	16.7	17.4	17.7
固定資本投資增加率（％）	13.9	8.0	14.5	10.3	13.8	13.7
營運資本投資增加率（％）	−9.0	−1.3	10.6	7.5	−3.1	3.2

資料來源：達美樂披薩公司
注：五年平均銷售成長採用幾何平均。

2.5 個百分點是會計方法變更產生的結果。供應鏈業務對美元銷售金額的貢獻最大，而且這項業務反映出北美擁有和特許經營的商店數量成長。總體來看，美國加盟店的數量成長 4.3％，平均同店銷售金額增加 8.0％。海外經營的商店數量每年成長 10.7％，而且同店銷售成長 4.6％。海外銷售金額的成長速度跟整個公司的成長速度一致，反映出匯率對銷售金額成長的負面影響。

● **營業利益率**固定在 2018 年 16.7％的低點與 2017 年 18.7％的高點區間範圍內。在較長的期間內，在公司享有營運槓桿的好處下，營業利益率一直在擴大。請注意，這家公司經營供應鏈事業的毛利很低，通常接近 11％。公司對總務和管理費用的管理還不錯，而廣告費用一直超過營收的 10％。

● **投資**。達美樂的業務不需要大量的資金。近年來,固定資本投資的增加率平均在 15％以下,支出主要用在銷售點系統的技術、供應鏈營運的擴展,以及全新自營店與自營店的升級。營運資金的需求並不多。請注意,大多數的投資都落在加盟商身上,這就是為什麼確保加盟商的財務健全會是達美樂的成功關鍵。

▌辨識達美樂的預期投資機會

競爭分析和歷史分析顯示,銷售成長是最有可能的渦輪觸發因素,但是讓我們用數字來證實這個結論是否正確。

以下是我們在第五章介紹的達美樂價格隱含預期的共識預測。這個數字反映 2020 年 8 月 418 元的股價,以及來自《價值線》和分析師報告的市場共識預測。競爭分析和歷史資料檢視提供辨識預期投資機會三步驟的背景脈絡。

銷售成長率	7.0%
營業利益率	17.5%
現金稅率	16.5%
固定資本增加率	10.0%
營運資本增加率	15.0%

步驟 1：估計銷售觸發因素的高價值數字與低價值數字，並計算因此產生的股東價值

我們分析和檢視主要分析師的研究，顯示未來 8 年預測期間的銷售成長率範圍在 3％至 11％。實務上來說，我們鼓勵你去檢視多種情境。我們為了簡化說明，只顯示高價值、低價值和市場共識的情境。以下是我們選擇的理由：

- 低價值情境。假設美國和海外的商店數量成長和同店銷售金額遠低於歷史標準和公司預測。公司直營店的銷售增加也比過去還低，而且供應鏈事業與國內銷售成長速度一致，在這樣的情境下，達美樂無法抓住它預測的商機。

- 高價值情境。反映出在美國與海外有兩位數字以上的低銷售金額成長，而且開店速度和同店銷售金額成長的速度一致。供應鏈營收成長與美國的事業相似，而且自營店的營收有個位數字的高成長。

達美樂披薩與很多事業不同，公司創造價值的營收主要來自

從加盟商收取的特許加盟金與食材費用。因此，這家公司的主要目標是藉由技術的應用、有效的廣告和低成本供應產品，來促使加盟商財務健全。

預期的基礎架構幫助我們將渦輪觸發因素和銷售成長轉化成經營價值驅動因子。前兩個價值因子是數量和價格與產品組合。達美樂與快餐披薩產業相對不同的地方在於，它主要是透過更多的訂單數量來推動銷售成長，訂單數量是數量的代理變數，而且訂單的成長有限，這會反映在價格和產品組合上。近年來，其他快餐披薩產業的發展只靠訂單的成長。

達美樂從經營槓桿和規模經濟中受益，但對營業利益率的影響最終微乎其微。營運槓桿的一個例子是技術的部署，其中的前期成本可能很昂貴，但是配置到大量的地點時可能相當便宜。規模經濟存在於產業鏈的經營之中，而且讓加盟商可以維持低成本，並可以把成本轉嫁給消費者。

銷售金額改變和營業利益間的歷史關係分析顯示營運槓桿和規模經濟的好處。也就是說，達美樂更願意把獲利回饋給加盟商，而不是讓母公司賺得更多，因為公司認為，確保加盟商蓬勃發展是使長期價值達到最大的關鍵。

反映這些考量下，假設高銷售金額成長率導致營業利益率提高 100 個基點，而且假設低銷售金額成長率會下降 100 個基點。

我們現在準備來確定銷售成長率的改變對股東價值的影響，以下是影響數字：

銷售成長率			估計價值		價值改變	
價格隱含 預期	低價值 情境	高價值 情境	低價值 情境	高價值 情境	低價值 情境	高價值 情境
7%	3%	11%	$290	$586	−30.6%	40.2%

這些數據告訴我們，如果我們將達美樂銷售成長率的預期從 7%降低到 3%，股價會下跌 30%，從每股大約 418 美元下跌至 290 美元。另一方面，如果預期銷售成長率從 7%增加到 11%，會使股價增加 40%至每股 586 美元。

▌步驟 2：選擇渦輪觸發因素

成本和投資觸發因素要怎樣才會比銷售金額更能改變公司的價值？在隱含價格預期的營業利益率在 17.5%的情況下，成本效率或成本無效率必須增加或減少超過 4 個百分點（或是說 400 個基點），才會與銷售成長一樣重要。在達美樂的成本結構下，這種預期修正幅度似乎不太可能發生。因此我們可以得出結論，營業成本不會比銷售金額來得重要。

固定資本增加率和營運資本增加率的改變需要進行極端的修正，才能產生與銷售金額相當的影響。達美樂的商業模式、競爭局勢與歷史表現都顯示，這樣的結果不可能發生。我們可以很有把握地做出結論：投資是比銷售金額沒那麼重要的驅動因素。這個分析證實，銷售金額是達美樂的渦輪驅動因素。

步驟 3：改進渦輪驅動因素的高低估計值，並計算因此產生的股東價值

大多數繁重的分析工作現在都已經完成了。但是我們仍然要改善我們對銷售引發股東價值改變的估計值。達美樂銷售金額成長的領先指標是什麼？

基於先前的討論，有兩個領先指標出線。第一個是加盟商的財務健全。雖然我們主要關注美國的加盟商，但是評估達美樂海外業務的活力也很重要，這些業務是根據主要加盟商的合約來經營。以商店數量來衡量，在達美樂的十大市場中，有八個特許經營權掌握在上市公司手上。這些公司包括印度的 Jubilant FoodWorks、英國的達美樂披薩集團（Domino's Pizza Group）和

澳洲的達美樂披薩公司（Domino's Pizza Enterprises）。有獲利的加盟商，以及與加盟商的良好關係，對於建立健康的生態系統非常重要。

什麼是目標價格？

我們的……420 美元目標價是根據 30（倍本益比）× 新一年（2022）預估 EPS13.75 美元加上……現金來計算。*

—— 華爾街分析師

華爾街分析師喜歡提供目標價格，跟投資人喜歡看到目標價格成真一樣。不過，大多數的分析師都是胡亂假設基於會計原則估計的本益比來製造目標價。因此，他們幾乎沒有提供理解預期的實質資訊。

預期投資法流程能否說明目標價？當然可以。以下就是解讀目標價的方法。

首先是了解目前股價的價格隱含預期，然後決定渦輪觸發因素。這樣前置作業就準備好了。

使用目標股價，決定渦輪觸發因素的表現如何。接著你可以比較你的策略預期結果跟財務分析結果，來評估達成預期結果的可能性。

分析師肯定會很訝異，他們的目標價暗示他們關注公司的未來財務表現。而且在他們從會計世界移往價格隱含預期世界之前，他們並不知道公司的目標價是多少。

---

* John Ivankoe, Rahul Krotthapalli, and Patrice Chen, "Domino's Pizza Inc: DPZ Maintains US Momentum While International Stabilizes. Remain OW for This COVID-Winner," *J.P. Morgan North America Equity Research*, July 16, 2020.

第二個領先指標是商店數成長率與同店銷售。獲利不錯的加盟商會尋求成長，增加達美樂的營收。建立堡壘之類的策略會鼓勵商店數成長，改善加盟商的經濟情況，而且抵擋競爭。達美樂沒有從加盟商那裡榨取更多獲利，而是採取支持他們成長與財務健全的策略。上一章和這一章討論價格隱含預期的估計，並辨識預期機會。現在我們準備邁向預期投資法流程的最後一個步驟，並將我們從前兩個步驟學到的知識轉化為買賣決策。完成從價格隱含預期到買進（或賣出）股票的旅程，而這就是下一章的主題。

重點整理

● 如果你知道哪些預期的修正最重要，你就可以改善找到高潛在報酬標的的機率。

● 構成辨識預期的基礎有四個組成部分。歷史表現和價格隱含預期提供數據，競爭策略分析和預期的基礎架構則提供分析工具。

● 辨識預期機會包含三個步驟：

步驟 1：估計銷售觸發因素的高價值數字與低價值數字，並計算因此產生的股東價值。

步驟 2：選擇渦輪觸發因素。

步驟 3：改進渦輪驅動因素的高低估計值，並計算因此產生的股東價值。

● 在估計股東價值範圍時要注意人類行為上的陷阱。

第七章

買進、賣出或持有？

　　我們現在轉向預期投資法流程第三個步驟，也是最後一個步驟，那就是決定買進、賣出或持有（圖 7.1）。在這一章，我們會說明如何把預測到的預期修正轉換為股票的預期價值，藉此把預期到的機會轉換成投資決策。接著我們會比較預期價值與目前股價，根據預期與現實情況的不一致來確認買進或賣出的機會。最後，我們會提供何時買進、賣出或持有股票的具體指引。

預期價值分析

　　你已經確認一家公司的渦輪觸發因素，而且制定與市場共識不同的財務表現預期。但這還不足以自信的做出買進或賣出決策。不考慮風險的分析是不完整的。你必須承認市場預期的未來方向是不確定的。幸運的是，你可以使用預期價值分析（expected value analysis）來處理這種不確定性，並了解一支股票的相對吸引力。

預期價值分析對於評估不確定的結果特別有用。預期價值是可能結果分布的加權平均值。你可以藉由將某個結果的收益（在這個例子是股價）乘上這個結果發生的機率，來計算出預期價值。預期價值是這些結果的總和。可以把它視為一個可以掌握一系列可能結果的價值的單一數字。[1]

你要如何決定收益和機率？第六章描述估計收益的過程。首先你要將渦輪觸發因素（通常是銷售金額）隔離開來，然後開發出一系列可能的結果。然後分析這些結果對價值要素的影響，以便估計價值驅動因子的影響。這可以讓你計算每個情境下的股東價值。

估計這些情境發生的合理機率是一項挑戰，但是我們可以回到決策工具箱來引導我們的分析。

諾貝爾經濟學獎得主丹尼爾·康納曼（Daniel Kahneman）把內部觀點與外部觀點區分開來。[2] 面對問題時，我們大多數人都會蒐集資訊，並將這些資訊與我們的經驗和投入結合起來，然後

圖 7.1　預期投資法流程

給出一個答案。這是內部觀點，而且往往沒有考慮到足夠廣泛的結果和不健康的樂觀情緒。這是投資產業很常見的錯誤。

外部觀點會把一個問題視為更大的參考類別範例。這會促使你檢視過去相似的情況或基準率（base rate）的結果，幫助你擴展參考框架，最終使預測變得更準確。舉例來說，達美樂披薩在2020 年的銷售金額大約是 41 億美元，外部觀點不會只仰賴我們由下而上的預測，還會考量所有相同規模公司的成長率的範圍。歷史上來看，這些公司有超過 80％的 5 年銷售成長率在 -5％至15％之間，經通膨調整後，平均成長率只略高於 5％。[3]

外部觀點沒有被充分利用有兩個原因。首先，我們大多數的人，包括投資分析師，毫無道理的高度相信自己擁有的資訊和數據。我們看到這是過度自信的問題。第二，很多投資人並沒有準備好取得基準率，所以根本不知道各種情況的收益和發生的機率。

基準率不是靈丹妙藥。公司業績的分布，包括銷售成長率、營業利益率趨勢，以及所需的投資率，都會隨著時間改變。但把基準率引進你的考量裡面，會幫助你判斷預期是否合理。

你希望有個可以改變的感知，來證明買進或賣出一檔股票是合理的。可改變的感知是一種有憑有據的觀點，與市場反應出的觀點不同。當你認為市場共識的走向正確，但你的看法更為極端的時候，或是你有個觀點與市場共識相反的時候，這種情況就可能會發生。預期價值分析可以幫助你從以下兩種情況做出區分：

● 如果價值變動性很高，意味著報酬的範圍很廣，那麼即使市場共識的結果是機率最高的情境，股票也可能有吸引力或不具吸引力。
● 如果價值變動性很低，那麼你必須打賭市場共識是錯的，才能達到卓越的報酬。

就以價值變動性高的情況開始討論。假設一檔股價 42 美元的股票價值落在 10 美元的低點和 90 美元的高點之間。假設你認為市場共識有 50％ 的機率會出現，15％ 和 35％ 的機率分別會出現低價值與高價值的情況。如表 7.1 顯示，這種報酬與機率組合起來得出的預期價值為每股 54 美元。預期價值比目前 42 美元的股價高出近 30％。即使市場共識有最高的機率是正確的，價值變

表 7.1　在價值變動性高的情境下的預期價值

股價	機率	加權價值
$10	15%	$1.50
$42(目前股價)	50%	$21.00
$90	35%	$31.50
		$54.00(預期價值)

動性夠廣可能也會顯示出一個有吸引力買賣機會。在這種情況下，市場共識的結果也許是最有可能發生的，但是買進機會是價值高點每股 90 美元與相對穩健的 35％ 發生機率所產生的結果。

　　現在來檢查價值變動性低的情況。你會在具有穩定商業模式、相對一致的公司中看到這種情況。我們使用和之前相同的機率，但是現在價值高點是每股 55 美元，而非 90 美元，價值低點則是 35 美元，而非 10 美元。在這種情況下，我們會看到預期價值是 45.5 美元，與目前 42 美元的股價只相差 8％，這不足以得出買進的結論（表 7.2）。因為安全邊際太小。

　　讓我們看看沒有市場共識的機率，使用與表 7.2 相同的價值範圍，但是市場共識現在並不是最有可能發生的情境。表 7.3 顯示價值高點有 70％ 的機率會發生、價值低點有 10％ 的機率會發生，而市場共識只有 20％ 的機率會出現的情況。由於走高的可能性比較高，預期價值成為 50.40 美元，遠高於目前的股價。很容

表 7.2　**價值變動性低的情境下的預期價值**（市場共識最有可能發生）

股價	機率	加權價值
$35	15%	$5.25
$42(目前股價)	50%	$21.00
$55	35%	$19.25
		$45.50（預期價值）

表 7.3　**在價值變動性低的情境下的預期價值**（市場沒有共識）

股價	機率	加權價值
$35	10%	$3.5
$42(目前股價)	20%	$8.40
$55	70%	$38.50
		$50.40（預期價值）

易看出來，即使是一家價值變動性較低的公司，非市場共識發生的機率也可能會引發買進或賣出決策。在這種情況下，你的買進或賣出決策就是打賭市場共識的預估值並不會發生。

個案研究：達美樂披薩

讓我們把這個分析應用在達美樂披薩的個案研究上。在第五章，我們根據大約 418 美元的股價來估計達美樂的價格隱含預期。第六章的分析指出，銷售的渦輪觸發因素，以及從銷售成長的估計範圍中帶來以下的報酬：

銷售成長率			估計價值		價值改變	
價格隱含預期	低價值情境	高價值情境	低價值情境	高價值情境	低價值情境	高價值情境
7%	3%	11%	$290	$586	−30.6%	40.2%

　　現在我們檢視最有可能出現的三種可能性：符合市場共識、不符合市場共識並看跌，以及不符合市場共識並看漲。

- **符合市場共識：**我們假設有 55％的機率銷售成長會實現市場共識，25％的機率會出現低價值，而 20％的機率會出現高價值。預期價值是 419 美元，接近目前的股價（表7.4）。市場共識機率高時，並不會影響買進或賣出決策。
- **不符合市場共識並看跌：**對於這種情況，我們假設有80％的機率會出現最低的價值，而 15％和 5％的機率會分別出現市場共識和最高的價值。藉由這些修正，預期價值會降低到每股 324 美元，比今天的股價低 22％（表7.5）。因此很明顯要賣出股票。

● **不符合市場共識並看跌**：最後，讓我們考慮一個情況，
  你估計有很高的機率預期銷售成長範圍會移到高檔。具
  體來說，有 80％的機率會出現高價值，15％的機率會出
  現市場共識，只有 5％的機率會出現低價值，因此預期價
  值是每股 546 美元（表 7.6）。在這個情況下，應該要買
  進股票。

做出決策

達美樂的案例強調一個關鍵訊息，對於價值變化低的公司而
言，一個強烈的非共識看法對於買進或賣出的決策至關重要。然
而，隨著價值變化增加，即使市場共識的看法最有可能出現，你
還是可以得到明確的買進或賣出訊號。

請注意，一檔股票的預期價值很少會是靜態不變的。隨著報
酬和機率的改變，預期價值也會改變。為了避免忽略獲利預期與
實際情況不相符，請確保在獲得重要新資訊或股價出現明顯改變
時，更新預期價值的計算。

一旦確定預期價值和股價之間的差異，你就可以考慮是否該
買進、賣出或持有。具體來說，要檢查以下三個問題：

表 7.4　達美樂的預期價值計算（符合市場共識）

銷售成長	股價	機率	加權價值
3%	$290	25%	$73
7%	$418	55%	$230
11%	$586	20%	$117
		100%	$419（預期價值）

表 7.5　達美樂的預期價值計算（無市場共識，而且股價看跌）

銷售成長	股價	機率	加權價值
3%	$290	80%	$232
7%	$418	15%	$63
11%	$586	5%	$29
		100%	$324（預期價值）

表 7.6　達美樂的預期價值計算（無市場共識，而且股價看漲）

銷售成長	股價	機率	加權價值
3%	$290	5%	$15
7%	$418	15%	$63
11%	$586	80%	$469
		100%	$546（預期價值）

● 什麼時候應該買進股票？

● 什麼時候應該賣出股票？

● 時間和稅負會如何影響我的決策？

▌買進決策

讓我們從買進決策開始。簡而言之,只要你對預期價值的估計值高過股價,你就有可能得到超額報酬。[4] 然而,超額報酬的前景本身並不足以顯示真正的買進機會。你仍然必須確定超額報酬是否足以保證值得買進。

你的決策取決於兩個因素。第一個是股票價格是預期價值低多少比例,也就是安全邊際有多少。比預期價值低得愈多,預期的超額報酬就會愈高。相反的,股票價格相對於預期價值的溢價愈高,就愈有賣出股票的說服力。

第二個因素是市場調整預期的時間需要多久。股價朝較高的預期價值靠近的時間愈快,超額報酬愈高。花的時間愈長,超額報酬愈低。同樣的邏輯,當預期價值低於目前股價,價格朝預期價值靠近的速度愈快,而且賣出股票的急迫性愈大。

表 7.7 顯示價格/預期價值比和收斂到預期價值的年數等各種組合的超額報酬。假設你認為股價只有預期價值的 80%,進一步假設市場要花兩年的時間才會根據你的預測來調整到預期價值。你可以預期一年會賺到比資金報酬高 12.5% 的超額報酬。[5] 如果預期保持不變,股票就不會產生額外的超額報酬。

表 7.7 在低於或等於預期價值買進時的年度超額報酬

		市場調整前的年數				
		1	2	3	4	5
股價 / 預期價值	60%	70.7%	30.8%	19.7%	14.4%	11.4%
	80%	26.5%	12.5%	8.2%	6.1%	4.8%
	100%	0.0%	0.0%	0.0%	0.0%	0.0%

假設權益資金成本是 6%

　　要記住，買進機會不取決於公司業績或投資人預期的絕對水準，而是取決於你的預期相對於價格隱含預期。如果這家公司提供的業績表現刺激投資人調整他們的預期，那麼擁有高預期的股票仍然具有吸引力。同樣的，如果你認為這家公司的前景證實這些預期，那麼低預期的股票也不值得交易。

　　在我做出買進決策之前，我們敦促你避免掉入升級陷阱。投資人往往會做出證明過去決策的合理選項。過去無法收回的金錢或時間會產生經濟學家所謂的沉默成本。儘管投資人知道沉默成本和當前的決策無關，但是有些人會發現很難將兩者區分開來。

　　當投資人增強信念，在股票下跌以後買進更多股票時，就會表現出這種行為。投資人不只想要延緩認列損失，往往還會因為過去買了一檔股票而買進更多股票。當然，先前的投資決策已經成為歷史，而且你需要根據今天的預期來做出當前的決策。你不想要解決過去的錯誤。堅持只在股價低於預期價值足夠多的時候買進股票，才能避免這種非理性的升級承諾陷阱。

　　一個問題或一系列情況的呈現方式也可能會影響人們的決策。即使以不同且客觀平等的方式建構同一個問題，也會導致人們做出不同的選擇。一個例子是理查‧塞勒（Richard Thaler）所說的心理帳戶（mental accounting）。[6] 假設一個投資人以每股 50 美元買進一檔股票，然後股價飆升到 100 美元。很多投資人會把這檔股票的價值分成兩部分：最初投資和獲利，或是說「賭金」（house money）。而且很多人對於最初的投資很謹慎，但對於賭金的紀律則少得多。

　　這就是所謂的賭金效應（house money effect），不僅只有散戶會如此。金融學教授赫許‧謝福林（Hersh Shefrin）紀錄負責聖塔克拉拉大學校務基金（Santa Clara University's endowment fund）的委員如何屈服於這種影響。因為市場表現強勁，校產基金在校長設定的時間之前超過預定的報酬水準，因此這所大學拿了一些賭金在投資組合中加碼高風險的投資標的，像是風險投資、避險基金和私募等等。[7]

▌賣出決策

賣出股票有三個潛在原因：

1. **股票達到原來的預期價值，而且你最新的預期價值估計值比目前股價還低**。這裡要注意，投資是一種動態流程。預期是一個移動中的目標，你必須定期重新審視，而也有必要做出修正。以過時的做法，僅僅因為達到目標價而機械性賣出股票的投資人，會冒著犧牲可觀報酬的風險。只有當最近的分析讓你預期股價不會有進一步上漲時，因為股票已經達到預期價值而賣出股票，這樣做才合理。

2. **有更好的機會存在**。積極管理投資組合的投資人最好持有當今最有吸引力的股票。因此，他們開始永無止境的尋找股價相對比預期價值低最多的股票。

   與投資組合裡的股票相比，肯定有更高調整風險報酬的股票存在，這產生第二個賣出的理由。這個決策與第一個理由不同，因為你不必假設一檔股票已經達到預期價值，所以賣出。

   基本上，只要你維持持股分散的目標水準，你就應該考慮賣出投資組合裡離預期價值的上漲空間較低的股票，並使用收益去買進離預期價值有更多上漲空間的股票。在所有條件都相同的情況下，這會增加資產組合的預期報酬。在下一節中，我們會顯示稅負如何影響你的賣出決策。

3. **你已經下調預期**。有時，即使經過深思熟慮與詳盡的分析，也無法達到目標。在其他時候，意料之外的事件會促使你對你的預期做出重大改變。如果你對一檔股票的預期向下修正，導致價格與預期價值之間的差距沒有吸引力，那這檔股票就會成為等待賣出的股票。

研究顯示，法人往往在買進決策做得比賣出決策好。主要的原因是當他們買進股票時會更為關注，而賣出股票時則仰賴更多經驗法則。[8] 預期投資法架構能夠有效的指引買賣選擇。

在賣出股票時，你還需要避免某些陷阱。一個例子是損失偏誤。丹尼爾·康納曼和另一個知名心理學家阿莫斯·特沃斯基（Amos Tversky）合作，發現對大多數人來說，損失的影響大約是相同獲利產生影響的兩倍半。[9] 換句話說，人們對於損失的痛苦感覺比對獲利相同程度的愉悅感覺來得更大。

對於損失趨避，有幾點需要牢記。首先，人們對於損失趨避天生有程度不同。這會影響投資人建立不同的投資組合。不那麼損失趨避的人比高度損失趨避的人更偏好高風險的投資組合。[10]

第二，你自己的損失趨避係數也許會根據最近的經驗而改變。實驗顯示，如果人們最近遭受損失，他們會自願把正向的預期價值主張調低，這顯示損失趨避的係數提高。[11]

不要忘記我們在上一章介紹的確認陷阱。我們已經發現到管理確認陷阱特別有用的一個技巧，那就是提出一些問題，挑戰你對一家公司或所處產業最珍惜和堅定的信念。提出駁斥性的問題可以讓你對尚未完全考量的替代選項抱持開放的心態。開放的心態可以幫助你改善決策，而且最終會改善你的投資成績。

▌ 稅負的角色

投資人賣出股票是因為它達到預期價值、存在更好的機會，或是預期被下調。但是在你用這些原因賣出一檔股票之前，你也必須考量稅負的角色。考慮稅負的後果之後，從低於預期價值的股票換股到價值合理的股票可能是差勁的構想。[12]

假設你發現一檔股票的股價低於預期價值，並以 100 美元的價格買進。一年後，股票以 121 美元的預期價值進行交易，與 6%

的股票市場報酬相比，你得到 15% 的漂亮超額報酬。你應該賣出
這檔股票嗎？

　　這要看情況而定。考慮兩種可能性。第一個是你持有股票一
年，賺到 6% 的股票報酬。當然在這個情境下，假設預期在這一
年間並不會改變。在第二年結束時，股票又上漲 6%，從 121 美
元漲到 128.5 美元。

　　現在考慮第二種可能性。假設你賣出股票，並把收益投資在
另一檔股票。為了證明這個舉動的合理性，你明年的第二檔股票
要賺到多少錢？事實證明，你必須賺到大約 10% 的報酬，或是 4
個百分點的超額報酬，才值得做這件事。這是因為你必須為賺到
的 21 美元付出 20% 的長期資本利得稅，也就是要付出 4.20 美元
的稅。[13] 在繳完稅後，只會得到大約 117 美元可以投資在下一檔
股票。117 美元的投資必須賺到接近 10% 的報酬，才會在第二年
年底產生跟持有相同股票後所得到的 128.25 美元的價值。如果有
交易成本，需要得到的報酬甚至更高。在適當考量稅負和交易成
本後，有時你最好持有一個價值評估合理的股票，而不是賣出這
檔股票，買進一檔價格僅略低於預期價值的新股票。

重點整理

● 當預期價值比股價高，你就有機會賺到超額報酬。

● 超額報酬的幅度取決於股價相對於預期價值有多便宜，以及市場需要多長的時間修正預期。股價愈便宜，而且市場很快修正預期，報酬愈大。

● 身為投資人，賣出股票有三個潛在理由：股價達到預期價值、有更吸引力的股票存在，或是你的預期已經改變。

● 在你決定賣出股票之前，要考量稅負和交易成本扮演的重要角色。

● 當你做出買進或賣出決定時，請注意人類行為上的陷阱。

第八章

超越貼現現金流量

　　當你應用預期投資法流程時，你會遇到價格隱含預期似乎比現有企業更為樂觀的公司，而且產業規範也會引導你這樣預期。在這些情況下，自動得出預期過於樂觀的結論可能是錯誤的。對於充滿不確定性的公司，股票價格是貼現現金流量價值的總和（代表現有事業），加上實質選擇權價值。實質選擇權可以呈現不確定成長機會的價值。在這一章，我們會告訴你如何使用一些直接的實質選擇權評估價值技巧來增強預期投資法的威力。[1] 我們也會介紹反身性（reflexivity）的概念，這可以解釋股價如何影響企業的基本面。

　　只要用貼現現金流量模型，就可以估計大多數企業的預期價值。但很多投資人質疑這個模型在價值評估中的角色，因為無法簡單解釋為什麼一些新創事業享有如此高的市值，特別是虧錢的事業。我們相信，如果你對選定的公司補足實質選擇權分析，那麼貼現現金流量模型就會跟過往一樣適用。

實質選擇權分析對於處於生命週期早期、並因此經營紀錄有限的新創企業至關重要。大多數新創企業需要投資大量資金來建立基礎建設、建立品牌形象，並取得客戶。這些公司很少有可觀的營收，而且獲利的也很少。

實質選擇權的定義

實質選擇權方法是將金融選擇權理論應用到像是製造工廠、擴增產品線和研發等實際投資上。[2] 金融選擇權賦予所有者權利、但是沒有義務以特定價格買進或賣出一檔證券。類似的情況是，進行策略投資的公司有權利、但沒有義務在未來利用這些機會。

實質選擇權有幾種形式，包括以下幾種：

● 一項發展很好的最初投資提供管理階層選擇權，來擴大對總體策略的承諾。舉例來說，一家進入新地區市場的公司也許會建立一個配銷中心，如果保證有市場需求，很容易可以擴建。

● 有些投資可以視為一個平台，將一家公司的經營範圍擴
展到相關市場的機會。舉例來說，亞馬遜最初是一家網
路書店，但是投入大量資金來開發客戶群、品牌名聲和
基礎建設，這讓它可以創立有價值的實質選擇權投資組
合，並在隨後十幾年行使這些權利。

● 管理階層也許可以從相對小的投資開始，並創造一個選
擇權，如果結果並不滿意，可以拋棄這個計畫。研發支
出就是一個好例子。一家公司對開發未來產品的投資通
常取決於在實驗室裡是否達到特定的性能目標。放棄研
究計畫的選擇權很有價值，因為這家公司可以分階段投
資，而非一次全部投入下去投資。

擴大、擴展和放棄選擇權都很有價值，因為它們可以給一家
公司發展彈性。

投資的偶然性

很多投資人和經理人知道，一個未來現金流量的現值等於或

小於資金投資的計畫，可能還是有顯著的價值。這些計畫今天也許具有中性或負面的價值，但也可能含有可提供額外價值來源的彈性。

彈性可以用兩種方法來增加價值。首先，管理階層可以延緩投資。由於資金有時間價值，經理人最好晚一點投資，而非早一點投資。其次，在選擇權行使之前，計畫的價值可能會改變。如果價值上升，公司會變好。如果價值下跌，因為不需要進一步投資在這個計畫上，公司的情況也不會變糟。

傳統的價值評估工具（包括貼現現金流量）並不重視選項的偶然性。我們想要對「如果事情進展順利，那麼我們可以增加一些資本」的構想賦予價值。[3]

把實質選擇權類比為金融選擇權

以實質選擇權來擴增或擴展一項事業，可以有效的以金融選擇權來類比。[4] 當一家公司有機會超越一般業務範圍而成長時，這種相似性非常有用。你應該在貼現現金流量分析中包含正常的成長，並使用實質選擇權法去只考量不同於一般計畫的創新計畫價值。

把實質選擇權和金融賣權拿來類比並不完美，但可以提供資訊。你會從實質選擇權分析中得到的見解包括了解一家公司何時可能會行使這項權利、觸發行使權利決定的因素，以及不確定性在一項成長選擇權的價值中扮演的角色。

　　表 8.1 列出你必須評估賣權和實質選擇權的投入要素。布萊克 - 休斯方程式（Black-Scholes equation）是評估金融選擇權最知名的工具，但是所有選擇權的評估方法都使用以下五個變數：[5]

1. **計畫價值，S**：計畫預期現金流量的現值。

2. **行使這項選擇權的成本，X**：在 T 這個時間點行使選擇權需要增加的一次性投資。（請注意，X 是未來的金額，S 是目前的金額。）

3. **計畫波動性，σ**：衡量計畫未來價值的潛在變化性。使用者藉由希臘字母 σ 來指稱這個變數。

4. **選擇權壽命，T**：一家公司可以在不失去機會的情況下推遲投資決策的時間。這通常是以年為單位來衡量。

5. **無風險報酬率，r**：短期政府債券的利率。我們不需要估計一個風險調整後的貼現率（資金成本）來評估選擇權，因為 σ 已經完全考量到計畫風險。

表 8.1　賣權對應的投資機會

賣權	實質選擇權	變數
股價	計畫價值	S
履約價格	計畫成本	X
股價波動	資產波動	σ
選擇權壽命	選擇權壽命	T
無風險利率	無風險利率	r

　　這裡有個計畫的範例，這個計畫的淨現值是負數，但是仍然有實質選擇權價值。如果這家公司的產品持續成長，公司計畫要在兩年內擴增配銷系統。這家公司估計，到時必須要花 4000 萬美元來建立一個新的配銷中心（X = 4000 萬美元），而且根據今天的最佳預測，增加的自由現金流量的現值是 3000 萬美元（S = 3000 萬美元）。

　　如果這些數字正確，那這個計畫沒有通過淨現值測試，因為效益（S）小於成本（X）。但是即使這家公司不會行使選擇權，擴張的選擇權也是有價值，因為需求可能會激增。當 X 不是自行決定的，或是支出 X 不取決於某些未來的結果時，貼現現金流量會是正確的價值評估工具。但是當管理階層有彈性去延遲或拒絕一項投資時，貼現現金流量會低估計畫的價值。

　　在這個例子中，管理階層可以在兩年結束時重新估計 S，而且決定是否要繼續這項投資。如果 S 比 X 大，那這家公司就會擴增配銷系統，因為這個計畫的淨現值是正數。如果 S 小於 X，這家公司就不會擴增配銷系統，因為這個計畫的淨現值是負數。我們需要評估在今天，也就是做決定的兩年前，延遲或拒絕這項計畫的彈性。這就是為什麼我們必須評估實質選擇權。

現在繼續討論配銷系統擴增的例子，來呈現如何在實質選擇權的計算中使用這五個投入要素。我們確定 S 等於 3000 美元，X 等於 4000 美元，而且 T 等於兩年。假設 σ 是每年 50％，而且無風險利率是每年 0.15％。我們會發現，當我們把這些投入要素放進布萊克─休斯方程式時，我們發現擴增配銷系統的選擇權價值是 5400 萬美元。

我們不需要了解選擇權定價模式的錯綜複雜，就可以從根本上了解實質選擇權價值增加的因素。當淨現值（S － X）增加，當我們可以延長延緩做決策的時間（T），或是當不確定性（σ）上升時，價值就會上升。

實質選擇權的評估

我們可以直接使用布萊克─休斯方程式來計算實質選擇權的

價值。但是查看包含投入要素可能範圍的表格可能更快，而且更符合直覺。表 8.2 改寫自理查・布雷利（Richard Brealey）教授和史都華・邁爾斯（Stewart Myers）教授深受歡迎的財務管理教科書。[6]

這個表把五個選項的要素投入減少成簡單的 2×2 對照表，A 組涵蓋兩年到期的成長選項，B 組涵蓋三年到期的成長選項。兩個表都以 S 的比例來顯示價值。我們重複用布萊克—休斯公式計算，來填滿這個表格。[7]我們顯示涵蓋大多數產業的一系列波動率。

這些欄顯示各種 S/X 的比例。請注意，行使選擇權的成本 S 是做決定時確定的。為了計算一家公司今天的成本，我們取 X 的現值，也就是 $X/(1+r)T$。因此，在現值為基礎上，以占 S 的比例計算，考量 X 增加的選擇權價值數量。當然，一家公司合法擁有實質選擇權價值的先決條件，不是手上有資金可以行使選擇權，就是在行使選擇權時可以取得資本。

當計畫的淨現值在做決定時是 0，那 S/X 就會等於 1。[8]S/X 大於 1.0，意味著計畫的淨現值在做決策時是正數，這個比例小於 1.0，則是指計畫的淨現值是負數。

兩個關鍵因素會驅動潛在的計畫價值 S/X。第一個是考量公司競爭地位和產業整體報酬下可能的投資報酬率。假設報酬率愈高，S/X 就愈高。我們也必須考量選擇權行使策略。[9] 許多產業的競爭會使報酬降到跟資金成本相等的水準（S/X 為 1.0）。第二個是可能創造實質選擇權價值的過往投資規模。已經進行大量投資來產生選擇權的公司，比沒有投資的公司更有機會以較低的投資增加來尋求新機會。[10]

選擇權價值的另一個重要驅動因素是波動性，也就是 S 的未來價值變動性。我們在表8.2的各行中顯示一系列σ的價值範圍。買權內建下檔保護。一檔選擇權的價值會隨著 S 的潛在價值上升而增加。然而，選擇權價值並不會因為 S 有較低的潛在價值而下降，因為一旦 S 夠低，這家公司就不會行使選擇權。因此高變動性會導致較高的選擇權價值。

波動性通常很難精確衡量，但會呈現出一個計畫的未來價值固有的特徵。對於股票選擇權來說，相應的要素投入是未來股票報酬的波動性，投資人可以根據歷史股票報酬來估計波動性，或從交易股票選擇權中來推斷。[11]

對於簡單擴增或擴展目前業務模式的大型商業計畫，你可以合理使用股票價格的波動來估計潛在的價值範圍。至於其他計畫則要基於與公司目前模式明顯不同的商業模式來估計。[12] 主要的建議是確保你對波動性的估計，與新業務的價值範圍相對應。

表 8.2　實質選擇權的對照表

		表 A：到期時間 =2 年				
		S/X				
		0.50	**0.75**	**1.00**	**1.25**	**1.50**
	0.25	0.5%	4.8%	14.2%	25.2%	35.3%
	0.50	8.4%	18.2%	27.7%	36.2%	43.3%
年度變動率（σ）	0.75	21.5%	32.1%	40.5%	47.2%	52.6%
	1.00	35.5%	45.2%	52.1%	57.4%	61.6%
	1.25	48.7%	56.8%	62.4%	66.5%	69.7%
		表 B：到期時間 =3 年				
		S/X				
		0.50	**0.75**	**1.00**	**1.25**	**1.50**
	0.25	1.4%	7.6%	17.3%	27.6%	36.8%
	0.50	14.0%	24.5%	33.6%	41.2%	47.5%
年度變動率（σ）	0.75	31.0%	41.1%	48.5%	54.2%	58.8%
	1.00	47.5%	55.8%	61.4%	65.6%	68.9%
	1.25	61.7%	68.0%	72.2%	75.2%	77.5%

實質選擇權是以 S 的百分比表示，r = 0.15%，歐式選擇權

　　為了說明如何使用對照表，讓我們重新計算擴增配銷中心的選擇權價值。原來的要素投入如下：

S = 3000 萬美元

X = 4000 萬美元

$σ$ = 50%

$T = 2$ 年

$r = 0.15\%$

在這個例子中，S/X 比是 0.75（30/40 = 0.75）。表 8.2 的表 A 得到的選擇權價值是 S 的 18.2％，也就是 540 萬美元（0.182 × 3000 萬美元 =$540 萬美元）。

對照表提供幾個與實質選擇權有關的立即見解：

● 實質選擇權價值會隨著 S 相對於 X 增加（在表格上從左邊看到右邊）、波動增加（從上面看到下面）與選擇權壽命延長（比較表 A 與表 B）而增加。

● 即使 S 比 X 低很多，實質選擇權也有價值。（查看 S/X=0.50 和 0.75 下的選擇權價值。）貼現現金流量忽略這個價值，而且低估內涵選擇權的資產價值。

● 實質選擇權價值是有限的。請注意表中的選擇權價值都沒有超過標的資產的價值 S。

表 8.2 小而簡潔，但仍然涵蓋大範圍的波動性和潛在的計畫價值。考量以下的波動率基準作為校準的粗略指引：

- 市值高的公司平均股價波動率在 35% 到 45% 之間。

- 必需消費品公司的股價波動率相當低，每年在 30% 到 35% 之間。

- 資訊科技股票的每年波動率往往在 40% 至 50% 之間。

- 生物科技公司和年輕的科技公司每年的股價波動率可以高達 50% 到 100%。[13]

我們為兩年和三年到期的選擇權製作表 8.2，只是因為一家公司在激烈競爭的產品市場中只能將投資延緩一小段時間。期限長的選擇權往往接著可以取得其他選擇權，而這只有一家公司成功執行第一個近期的選擇權才可能發生。這些接續的選擇權的價值通常只是近期選擇權價值的一小部分。

何時使用實質選擇權分析

大多數關於實質選擇權的文獻都是針對公司經理人和他們的資金配置決策。我們關心的則是當股價內含的預期高過產業標準，而且實質選擇權可能代表這些預期的一部分。我們的目標是使用這種思維來決定是否要買進、賣出或持有個別股票。

第一步是從兩個面向評估公司和它們的股票。第一個是潛在實質選擇權價值，判斷公司是否可能具有大量的實質選擇權價值。第二個是推算實質選擇權價值，或是市場可能已經存在任何實質選擇權的價值。

在以下的條件下，實質選擇權的價值可能很重要：

● 必須存在高度不確定性或結果的波動性。波動率較低的產業幾乎沒有實質選擇權價值。舉例來說，顧問公司是低波動率的事業。他們發現很難產生很大的上漲驚喜，因為他們基本上是按時數來銷售他們的服務。

● 管理團隊必須擁有在動態的環境中創造、辨識、評估和靈活利用機會的策略眼光。實質選擇權的存在並不能保證一家公司會獲取他們的價值。速度和彈性對於實質選擇權行使的可能性特別重要。對於擁有很多管理階層而拖慢決策流程的大公司而言，實質選擇權的成功特別難以捉摸。

● 企業應該是市場的領導者。龍頭企業往往會仔細了解潛在的價值創造機會，去擴張或擴展企業。Facebook 和亞馬遜等公司的地位可以提供競爭對手沒有的成長機會。

市場領導者也可以給自己保留更多價值，因為他們可以加強實質選擇權的專屬特性。

現在我們轉向市場推算的實質選擇權價值。這是當前股價和由市場共識估計現有事業的貼現現金流量價值之間的差異。

衡量市場推算的實質選擇權價值是對預期投資法的簡單延伸。基本上，你可以藉由一個重大的更動來估計現有企業的價值隱含預期（第五章）：假設現有事業的預測期間，而不是解出市場隱含的預測期間。

你需要這樣做是因為，解出預測期間會不當使用股價去解讀僅反映現有事業的預期，因為股價可能包含實質選擇權的價值。因此，市場隱含的預測期間總是會誇大擁有許多選擇權的公司正確的預測期間，而且有時會明顯高估很多年。[14]

實質選擇權價值可能可以解釋股票的市場價值與現有事業的估計價值之間的差異（圖 8.1）。你面對的挑戰是確定推算實質選擇權價值的投入要素是否合理。

現有事業價值和實質選擇權價值之間有些模糊性，這並不會破壞預期投資法流程。事實上，這凸顯預期投資法的優勢，因為預期投資法測試現有事業價值與實質選擇權推算價值總合的合理性。因為這個總和總是會等於目前的市場價值，因此任何高估或低估現有事業價值，都會減少或增加相同數量的實質選擇權推算價值。

我們已經開發一個簡單的矩陣，可以幫助你考慮何時需要把實質選擇權分析引進預期投資法流程（圖 8.2）。你可以使用這個矩陣來決定實質選擇權價值何時可能會無法搭配股價隱含的實質選擇權真正的價值。這個矩陣有四個象限：

- **不需要實質選擇權分析（潛力低／推算的實質選擇權價值低）**。這個組合涵蓋大多數知名公司。你在這裡需要做的只有標準的預期投資法流程（第五章至第七章）。
- **買進標的（潛力高／推算的實質選擇權價值低）**。本質上來說，你認為實質選擇權的價值比市場認為的價值還高。如果差距夠大，這檔股票就是買進標的。
- **賣出標的（潛力低／推算的實質選擇權價值高）**。這裡正好相反，市場評估的實質選擇權價值比你認為的還高。當這兩個價值的差距夠大時，這檔股票就會是賣出標的。
- **需要實質選擇權分析（潛力高／推算的實質選擇權價值高）**。在這個象限中，更詳細的實質選擇權分析可以為投資人帶來更大的潛在報酬。本節的其餘部分會專注在介紹落入這個象限的公司。

圖 8.1　推算實質選擇權價值

圖 8.2　實質選擇權的可能價值與推算價值

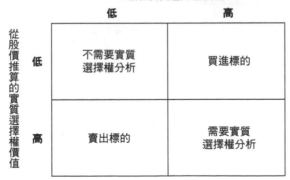

你的目標是評估計畫價值的合理性，以及證明推算實質選擇權價值所需要的總投資支出是否合理。換句話說，這家公司能否

達到股價隱含的潛在價值？為了回答這個問題，你必須確定隱含的公司機會和投資規模是否與市場規模、可取得的資金、管理資源和競爭情況一致。

Shopify 公司的實質選擇權價值

Shopify 是一個商務平台，提供商家創業、成長、行銷和管理全通路零售事業的工具，它為實質選擇權價值提供一個充滿啟發性的案例。2020 年 9 月，Shopify 是一家擁有龐大潛力，而且股票推算擁有實質選擇權價值的公司。在我分析的時候，股票交易價格是每股 900 美元，市值大約 1000 億美元。問題是，現有事業價值和實質選擇權價值結合起來，如何證明股價是合理的價格？

預期投資法流程以四個步驟分析實質選擇權價值：

▌步驟 1：估計潛在實質選擇權價值

Shopify 符合擁有明顯潛在實質選擇權價值的公司有以下幾個理由：

- 它在充滿活力的電子商務市場中競爭。產品品項的成長、競爭威脅、擴張機會和不斷發展的商業模式都會產生不確定性。

- 由創辦人兼執行長托比亞斯‧呂特克（Tobias Lütke）領導的管理團隊已經證明公司過往很熟練的創造、辨別和行使實質選擇權。成功進入物流事業就是其中一個例子。

- Shopify 是擁有經濟規模和經濟範疇潛力的市場領導者。這種領導地位使它能和其他產業巨頭合作，包括臉書、沃爾瑪和亞馬遜。

▌步驟 2：從股價來估計實質選擇權的推算價值

使用歷史資訊、《價值線投資調查》的預測、華爾街分析師的研究報告，以及我們自己對 Shopify 現有事業的前景評估，我們對銷售成長率、營業利益率和投資增加率做出未來 5 年的估計。然後我們再將估計延長 5 年，藉此涵蓋一個 10 年預測期間的假設。把銷售成長視為是渦輪價值觸發因素是毫無爭議的選擇。

Shopify 對現有事業的銷售年年成長率預測在前五年大約是

38％，第二個五年則是 35％。Shopify 必須達到明顯的市場滲透率才能取得這樣的成績。此外，貼現現金流量模型假設公司的營業利益率可能達到 10-15％。

根據這些預期，Shopify 現有事業的價值是每股 800 美元。換句話說，投資人可以把公司 900 美元的股價中的 100 美元歸類為實質選擇權的推算價值（表 8.3）。每股 100 美元的數字可以換算成略高於 110 億美元的價值。

步驟 3：推算計畫價值（S）和投資支出（X）的必要規模

我們假設 Shopify 適當的 S/X 比例是 0.75，這意味著 Shopify 行使策略選擇權的成本比因此增加的自由現金流量的現值還大。因為我們假設實質選擇權會使 Shopify 當前的業務擴大，因此我們使用這檔股票約 50％的歷史波動率。最後，我們假設選擇權的到期時間是 3 年。使用表 8.2（B 表），我們會看到實質選擇權價值大約是 S 的 25％。

我們可以使用這些數據來提出兩個重要的問題：潛在計畫價值（S）必須多大才可以證明實質選擇權的推算價值 110 億美元

是合理的？證明實質選擇權有 110 億美元價值的潛在實質選擇權
行使成本有多大？

我們用以下的方法找出 S：推算實質選擇權價值是 110 億美
元。潛在實質選擇權價值是 S 的 25%。如果推算的價值等於潛在
價值，那麼 S 必須大約在 450 億美元。這意味著有一個 450 億美
元的市場機會。

表 8.3　Shopify 推算的實質選擇權價值

股價（2020 年 9 月 21 日）	$900
現有業務價值	－$800
推算實質選擇權價值	$100×1.13 億股＝ $110 億美元

我們以下面的方法找出 X：推算的實質選擇權價值是 110 億
美元。為了使潛在實質選擇權價值等於推算價值，如果 S 是 450
億美元，而且 S/X 的比例是 0.75，那麼 X 必須等於 600 億美元。
換句話說，如果這些數字是正確的，那麼投資人對 Shopify 的股
票訂出的價格，就好像他們相信這家公司在未來三年可以投資
600 億美元來行使公司的實質選擇權一樣。

為了對這些結果進行敏感性分析，我們可以讓 S/X 有些變
化。（請注意，我們不需要改變波動度，這是 Shopify 的內部特

徵。）舉例來說，如果我們使用的 S/X 是 1.0，那麼 S 和 X 大約都等於 340 億美元。

▍步驟 4：評估 S 和 X 數值結果的合理性

先考慮市場機會（S）的合理性。本質上來說，Shopify 今天必須有 450 億美元的市場機會，證明 110 億美元的選擇權推算價值是合理的（假設每年波動率為 50％）。這個市場機會的規模是否合理？

現在來評估 X 的合理性。600 億美元的投資是可觀的。廣義來解釋，Shopify 前三年的投資不到 20 億美元。

S 和 X 的合理性產生一些關鍵問題：

● Shopify 可以從事那些額外的電子商務活動來追求獲利？

● 還有哪些海外的擴張機會？

● 這家公司是否可以利用對商家的了解來提供額外的軟體或服務？

● 任何公司真的可以花這麼多錢並從較小的投資中得到相同的報酬嗎？或是這個規模會導致報酬遞減？

本書先前的版本使用亞馬遜作為實質選擇權的案例研究。事實上，亞馬遜似乎已經開發和行使大量的實質選擇權，包括新的產品線，像是亞馬遜網路服務（Amazon Web Services）。[15] 但是在 2000 年網路泡沫之後的三年空頭市場中，這家公司低迷的股價，幾乎不可能借錢投資來支撐實質選擇權價值。換句話說，較低的股價有效的撤回亞馬遜需要行使選擇權的投資。這強調股價和企業基本面之間重要的回饋迴路。

反身性

投資人和公司的經理人普遍都接受股價會反應出公司未來財務表現預期的看法。然而，投資人對於股價本身可能影響績效表現的看法並沒有足夠的關注。預期投資法的一個重要考量因素是公司股價和公司業務基本面之間的回饋。這種回饋對於大幅仰賴擁有強健股價的年輕公司尤其重要。[16]

成功的投資人喬治‧索羅斯（George Soros）稱這種動態回饋迴路為反身性。他這樣總結：「股價不只是被動的反應，在決定交易股票的股價和公司命運的過程中，它們是積極的要素。」[17]我們現在考量反身性對融資成長能力和吸引並留住關鍵員工能力的影響。

▍融資成長

在其他產業中，年輕的公司通常會仰賴股權融資。這些財報結果持續低於預期的公司會讓人對它們的商業模式可行性產生懷疑。隨之而來的股價暴跌會使發行新股票不是過於昂貴，就是根本不可行。這種情況反過來會阻礙或消除這家公司追求成長來創造價值而執行的策略。隨著投資人開始意識到這個問題，股價常常會持續盤旋下探。

這種盤旋下探不只會限制一家公司成長的能力，有時還可能會導致公司破產或以過於便宜的價格被收購。一個例子發生在2008 年金融海嘯期間的少數投資銀行，像是貝爾斯登（Bear Stearns）和雷曼兄弟（Lehman Brothers）。這些公司需要大量資金才能生存，而且它們的股價下跌意味著募集資金變得根本不可能。貝爾斯登以極低的價格賣給摩根大通（JP Morgan），而雷曼兄弟則申請破產。

許多新創企業仰賴併購來建立自己的事業。而且它們之中大多數會透過股票交易來融資，這只是融資成長的另一種方法。[18]

股價表現不佳不是使股票收購的成本高昂，不然就是不可行。即使是股價穩健的公司也不應該被誘導認為發行股票沒有風險。如果市場藉由降低收購公司股票的股價來反對一項收購，那麼幾乎肯定會對未來的收購更加謹慎。

▌ 吸引並留住重要員工

新創企業通常會在異常短缺的人力市場中競爭，而且如果他們無法為現有與潛在員工提供以股權激勵制度（stock-based compensation, SBC）為主的薪酬形式，而且有可靠的前景會有適當報酬，就很容易被責難。低迷的股價會使股權激勵制度的價值快速減少。薪酬資源的減少會威脅一家公司目前的績效表現和前景。同樣的，隨著投資人理解到這種情況，股價盤旋下降的情況很可能會持續下去。

股權激勵制度實際上是將兩個交易合而為一。[19] 公司賣出股票，也就是融資，然後使用得到的款項來付錢給員工作為提供服務的薪資。因此，股價會對公司的財務狀況與吸引並留住人才的能力產生影響。

疲軟的股價可能還會削弱其他關鍵人士的信心，包括客戶、供應商與潛在策略夥伴。這種情況只會使公司的困境加劇。

▌反身性的後果

反身性對預期投資法的投資人有幾個暗示。首先，投資人必須詢問他們在評估對這家公司的預期時是否考慮到反身性。不加批判的接受一家公司的成長策略，而沒有考慮因為股票表現不好而產生的融資風險，可能會產生讓人失望的投資成果。

我們建議你，當你研究一檔股票的預期價值時，以最糟糕的狀況評估結果。這個結果發生的機率很大的程度上取決於管理階層的遠見和執行技巧，以及他們說故事來說服市場這家公司的商業模式很穩健的能力。換句話說，他們必須說服市場這家公司值得有個很高的股價，即使公司持續面對經營虧損。

總之，快速成長而且資金有限的新創企業投資人必須意識到，這些公司不僅要承擔任何一家公司都有的正常經營風險，還要承擔股價下跌導致公司無法執行成長策略的風險。

重點整理

- 貼現現金流量模型可能低估公司經營彈性的價值。這可能會導致對擁有很多不確定性的企業錯誤解讀價格隱含預期。

- 實質選擇權可以抓住未來機會不確定的潛在價值。

- 考慮一家公司的潛在實質選擇權價值和它的市場推算實質選擇權價值，以確定實質選擇權的分析是否恰當。

- 你應該將反身性納入預期投資法流程，反身性是指從基本面到股價，以及從股價到基本面的動態回饋迴路。

第九章

綜觀經濟全貌

股票市值的重大改變，尤其是像蘋果、亞馬遜、微軟、Alphabet（Google 的母公司）等大型科技股的崛起，促使一些投資人建議我們需要新規則來理解價值。我們強烈反對這種做法。基本的經濟原則歷久不衰，而且足以穩健的捕捉住各類公司和商業模式所創造的價值。價值創造原則維繫著所有公司，這就是為什麼它們是預期投資法流程的核心。

我們可以指出新規則討論背後的幾個問題。首先，每股盈餘和本益比等傳統的衡量標準在解釋市場價值上相較於以往更不相關。[1] 很大一部分的原因是企業在無形投資上的支出在 1970 年代大約是有形資產投資的一半，現在則超過兩倍。就像我們在討論市場如何評價股票時提到，這件事很重要，因為無形資產投資會在損益表上列為費用，而有形資產投資則是在資產負債表上化為資本。因此，主要投資在無形資產的公司，盈餘和帳面價值似乎比主要投資在有形資產的公司還低。

但是會計師認列的投資並不會影響這家公司的價值。無論100萬美元是投資在認列費用的知識，還是投資在可折舊的有形資產，現金流量都一樣。

其次，無形資產的特徵與有形資產的特徵不同。經濟學家很早就明白這一點。但是企業特徵的改變並不會改變市場的基本價值評估模型。

為了清楚說明這點，我們把企業分成三大類：實體產品型企業、服務業，以及知識型企業。對於每一個企業，我們都強調明顯的特徵，並分析其中的價值因子，藉此幫助我們辨識出預期出現可觀修訂最可能的來源。這個架構顯示，預期投資法有足夠的彈性，能使這個方法與經濟全貌中的公司有關。

企業類型

就從定義企業的類型開始。我們認識到大多數公司的活動都落在不只一個類別。我們把企業進行分類的目標是幫助界定出影響現金流量和預期修正的關鍵因素。

- **實體產品型企業**。對於實體產品型企業而言,像是製造和銷售設施、設備、倉庫和存貨等有形資產,對創造價值至關重要。一些明顯的例子包括鋼鐵、汽車、造紙和化工等產業,以及零售商、餐廳和旅館等消費者導向的產業。

- **服務型企業**。服務型公司仰賴以人作為主要優勢的來源,而且通常是一對一提供服務。廣告公司、顧問公司和金融服務公司都屬於這一類。銷售要增加,取決於員工數量的成長和生產力。因此,員工成本通常會占這些事業總成本相當大的比例。

- **知識型企業**。人才也是知識型企業競爭優勢的主要來源。但是,這些企業並不為個別客戶量身服務,而是使用智慧資本來開發最初的產品,然後重複再生產。軟體、音樂、製藥公司就是例子。創新和品味轉變,意味著知識型企業必須持續改進現有的產品,並創造新產品。

各類企業的特性

基本的經濟原則適用於所有企業。但是各類企業的特性差異明顯，因此可能會有不同的預期修正路徑。

▌ 投資觸發因素和規模擴大能力

實體產品型企業必須增加實體資產，而服務型企業必須增加人員來支撐企業成長。換句話說，對額外產能的需求會觸發再投資。這種對產能的週期性需求會限制規模擴大能力，也就是維持銷售成長比成本成長速率還快的能力。知識型公司的規模擴大能力很高，因為一旦產品開發之後，複製跟發送的成本相對較低。

一個例子是擁有並經營股市交易所的那斯達克公司（Nasdaq, Inc.）。這家公司計畫在 2020 年代將交易所在地的（on-premise）數據中心遷移到隨選的（on-demand）公用雲（public cloud）。包括亞馬遜網路服務（Amazon Web Services）和 Microsoft Azure 等共用雲廠商提供各個公司運算處理和網路儲存服務。在 2020 年 3 月交易所交易量激增期間，那斯達克的技術人員不得不手動增加在內部數據中心處理的交易容量，同時讓已經遷移到公用雲的操作平順的處理額外的流量。

在討論這樣的轉移時，那斯達克技術長與資訊長布萊德‧彼特森（Brad Peterson）說：「真正的好處有能力擴增規模並引進新功能。」而且他提到，2020 年 3 月的插曲「證明當你仰賴傳統的基礎設施時，要增加容量有多困難。」[2]

並非所有知識型企業都可以高度擴大規模，因為這個市場可以容納的知識型產品相對很少。而且這個市場確實接受的知識型產品往往很快就會過時。產品過時的永久威脅會引發新一輪的投資。

美國線上（AOL）和雅虎（Yahoo!）是兩家在 1990 年代後期主要的網路公司，它們提供一個發人深省的產品過時案例。雅虎的市值最高時超過 1200 億美元，而且在 2008 年拒絕微軟以 450 億美元的價格收購。美國線上的市值曾經高達 2000 億美元，而且當它在 2000 年宣布與時代華納（Time Warner）合併時，價值 1650 億美元。不過那次合併被認為是公司史上最糟糕的一項交易。電信巨頭 Verizon 在 2015 年收購美國線上，並在 2017 年收購雅虎，那時兩家公司的市值都剩下不到 50 億美元。

▋ 競爭性與排他性

隨著銷售金額的增加，實體產品型企業和服務型企業經常會產生單位平均成本下降的情況。但這只會在一定的程度上出現。在那之後，隨著這家公司競標更多稀少的資源，或是陷入規模擴大或官僚主義所導致的效率降低，單位成本會再次上升。競爭增加，還會進入一個報酬遞減的世界。

知識型企業很大程度上不受稀少的要素投入所限制，因為它們生產的產品性質不同。兩者的差異在於生產的是競爭性商品，還是非競爭性商品。[3] 對於競爭性商品，一個人消費或使用之後，會使其他人取得的商品數量減少。一台汽車、一枝鋼筆和一件襯衫都是這樣的例子。非競爭性商品，也就是知識型公司的商品，可以同時被很多人使用。公司通常會以很高的成本來開發商品的最初版本，然後可以用相對便宜的方式來複製與發送。軟體商品就是一個典型的例子，但是任何配方或公式都符合這個要求。更多的產出和低增加成本結合起來，導致報酬遞增，因為使用這些商品並不會仰賴稀少的要素投入。

排他性是指保護使用權的能力，這是競爭性商品與非競爭性商品的另一個區別。私人持有的實體資產通常具有排他性，因為產權會確保擁有者從中受益。但是知識型商品往往是非排他性的，因為它們很容易散布。這意味著未經授權使用的風險很高，而且知識型資產的開發者面臨無法從投資中收到報酬的風險。舉個例子來說，中國網路企業家、暱稱為「山寨王」的王興，他的公司校內網講究細節的重建臉書，之後他則山寨 Twitter 和 Groupon。[4]

知識型資產的排他性程度是由科技和法律制度所決定，包括專利和版權等機制。因為研究這個領域而贏得諾貝爾經濟學獎的保羅・羅默（Paul Romer）提到，知識型資產可能有「部分排他性」，這會使一家公司可以從它的投資中獲利。

▊ 供給面和需求面的規模經濟比較

當一個實體產品型公司和服務型公司可以隨著產品或服務的數量增加，以較低的單位成本執行關鍵活動時，就會出現供給面的規模經濟。重要的是，因為組織和官僚的無效率，供給面的規模經濟一般都會在公司可以主導市場前就會遇到限制。因此，實體產品型公司或服務類的公司很少能掌握主導市場的份額。[5]

知識型公司的經濟規模往往仰賴正面的回饋，強者更強、弱者更弱。這些經濟規模主要是由需求面決定，而不是供給面決定，儘管這兩個來源都會發生作用。當商品或服務的價值隨著更多人使用而增加時，就會存在需求面的規模經濟。Uber 的共享汽車事業、WhatsApp 的即時通訊系統，以及 Yelp 的餐廳評論都是具有啟發意義的案例。正向回饋往往會隨著新成員加入使用者的社群而加強，因為對於一個知識型企業而言，增加一個單位的成本往往非常低。這種效應可能會導致贏家通吃的結果。

表 9.1 總結這些企業類型的特性。不過，在這些類型和產業中，公司往往會擁有截然不同的商業模式，或是讓一家公司尋求創造股東價值方法的藍圖。這些差異像是產品品質、技術、成本定位、服務、定價、品牌識別、合作夥伴關係和行銷管道等領域的策略選擇所產生的結果。這些選擇和類型特性，形塑預期基礎

表 9.1　幾個企業類型的主要特性

	實體產品型企業	服務型企業	知識型企業
優勢來源	資產	人	人
投資驅動因素	產量	產量	產品過時
規模擴大能力	低	低	高
產品	競爭性產品	綜合	非競爭性產品
資本保護	很容易	很困難	很困難
規模經濟	供給面	供給面	需求面

架構中的銷售、成本和投資行為。

企業類型和價值因子

我們現在從價值因子的角度來觀察這些類型。為了簡單說明，我們結合前兩個價格因素：數量與價格和銷售組合。我們的目標是顯示預期的基礎架構（圖 9.1）足以穩健的捕捉到所有企業類型的動態，因此能夠幫助我們確認預期修正的潛在來源。

▌ 數量與價格和銷售組合

對於實體產品型企業來說，銷售利益和實體資產的成長與資產利用的效率息息相關。考量一個傳統的零售連鎖商店。開設更多商店或重新配置既有店面可以增加銷售成長的預期。銷售成長和實體資產有時會以成比例的方式一起變動。有些零售商因為有優異的商業模式或執行技巧，因此會比其他零售商做得更好。但是銷售成長最終還是仰賴資產成長。

服務型企業的情況也很相似。員工數量和生產力的成長會推動銷售成長。舉例來說，一家證券公司會因為增加新的專業人士

圖 9.1　預期的基礎架構

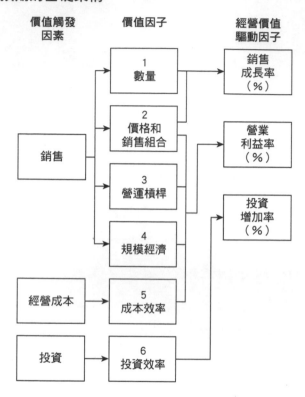

和從那些專業人士那裡得到更多產出而成長。員工數量和銷售水準有密切的關係。資產和人員的成長和生產力會刺激實體產品型企業和服務型企業對銷售成長進行修正。

　　知識型企業則不同。具體來說，有兩個條件可能會導致知識型公司異常、而且往往是出乎意料的銷售成長。首先，當一個產品成為業界標準，像是桌上型電腦和筆記型電腦的微軟 Windows 作業系統。擁有一個標準可以確保使用者間的相容性，而且鼓勵開發人員編寫可以互補的軟體應用程式。要成為一項標準往往會有些爭鬥，但是一旦一家公司搶在其他公司前面，正向的回饋會引領公司成為市場最終的主導廠商。

第二，當有足夠的人使用產品或服務而觸發自身持續成長，使一家公司形塑一個達到臨界數量的網絡時，需求往往會起飛。[6] 這種成長是網路效應直接產生的結果，當產品或服務的價值隨著新會員的使用而增加時，就存在網路效應。[7] 為了說明這點，以世界最大社群網路公司臉書為例。在早期，臉書有很多競爭對手，包括 Myspace 和 Friendster。臉書需要足夠多的會員基礎才能達到臨界數量，並使其成為首選的網路。一旦達到那個臨界點，這家公司就會對廣告主產生吸引力。會員和廣告主會蜂擁進入臉書，因為每個人都在那裡。此外，新會員會對未來加入的會員更有吸引力，同時會使已經在那個網路裡的人受益。

標準制定者的採用模式與銷售成長模式會依循一個 S 曲線。成長在一開始很緩慢，接著以遞增的速度增加，然後趨於平緩。這條成長路徑是由需求面的經濟規模所驅動，不但在過去一直是預期修正的龐大來源，而且還是未來尋找預期修正的主要領域。

贏家會得到最大的市場份額，而輸家則會看到潛在客戶湧向競爭對手。[8]

我們不想給人對知識型公司的經濟學過於熱情的感受。在贏家通吃的市場中，每誕生一個贏家都會有很多輸家。這些輸家承擔與贏家相似的投資成本，但是產生的營收不足以抵銷成本。這樣的挑戰和機運就區別出贏家和輸家。

銷售成長是數量和價格與產品組合的函數。一些實體產品型公司和服務型公司可以透過提高銷售價格、改善產品組合，或是兩種兼具的方式來推動銷售成長和更高的營業利益率。提供消費者感覺比競爭對手的產品價值更高的企業，例如蘋果或 Gucci，可以收取溢價。這樣做可以使他們有機會讓銷售成長比成本成長更快。此外，一些公司會藉由改善產品組合來增加毛利。然而，我們知道很少公司會只藉由提高價格或改善產品組合來長期創造股東價值。然而，這些價值因子可能是短期預期修正的來源。

▋ 營運槓桿

所有企業都會有產前成本，這是在產品或服務產生銷售金額前企業要吸收的成本。產前成本的重要性，以及從初期成本支出到產生銷售金額之間的期間，會因為公司的類型不同與各公司間的不同而有差異。但是產前成本一直是沉沒成本，而且公司只有在銷售成真時才能利用它們。

一些實體產品型企業必須在銷售之前投入大量資金，才有足夠的能力滿足預期的需求。近期的結果就是未使用的產能。隨著一家公司的銷售增加並填補公司的產能，營運槓桿就會因為將產前成本分攤到更多單位的產品而得到利用。結果是平均單位成本降低，以及營業利益率變得更高。

太陽能板的製造是一個好例子。最近十多年來，太陽能板隨著產能的成長，製造成本急劇下降。科學家研究這種改變的根源，提到營運槓桿扮演的角色，他們寫道：「大型工廠藉由將共享的基礎設施成本分攤到更多的產出，來達到成本節約的結果。」[9]

大多數知識型產品的前期產前成本很高，但是複製和發送的成本相對較低。軟體是個標準的例子。微軟每年花數十億美元開發軟體，但是一旦寫完程式，公司就可以用很低的成本更新。使用者的數量增加會使每單位的平均成本降低，因為產品的成本大部分是固定成本。

藥物開發是另一種產前成本很高的知識型企業。[10] 醫學研究人員計算，一項產品從開發到最後得到食品與藥物管理署（Food and Drug Administration）最終核可，可能需要 14 億至 26 億美元。但是營運槓桿會隨著產品的單位需求成長而變得很顯著。第一顆藥的成本非常高，但是第 20 億顆藥的邊際成本只有幾美分，因為製造商已經吸收產前成本。

營運槓桿不會無限的擴大營業利益率。相反的，這是一種暫時的現象，因為實體產品型企業和服務型企業必須在產能耗盡時增加產能，而知識型企業必須開發新產品來避免產品過時。但是營運槓桿仍然可能是預期修正的重要來源。

▍規模經濟

隨著更高的銷售金額使單位成本降低，實體產品型公司、服務型公司或知識型公司往往會產生規模經濟。成功取得規模經濟的公司可以享有更高的營業利益率。

一個簡單的例子是大量採購。當較大型的公司從供應商那裡買進大量的投入要素，像是原物料、日用品，到行銷和廣告服務等無形資產時，付出的費用往往會比較少。

汽車零件零售商奧萊利汽車零件公司（O'Reilly Automotive）在 2008 年買下 CSK 汽車零件公司（CSK Auto）後，展現出規模經濟的力量，這是有史以來最大的併購案。隨著銷售金額增加約40 億美元，公司的毛利從 2012 年的 50.1％增加到 2019 年的 53.1％。公司的毛利增加可以歸因於交易量的增加，以及「與供應商一起採購並找出適當的成本結構，以便在世界上最適當的地區生產最經濟的零件」。[11] 換句話說，奧萊利汽車零件公司利用公司的規模從供應商那裡得到最優惠的價格。這些年來，奧萊利汽車零件公司與領先的企業零件零售商「汽車地帶」（AutoZone）之間的毛利差距從 1.4 個百分點縮小到 0.6 個百分點。

規模經濟反映出一家公司在大規模營運時以較低的成本執行活動的能力。相較之下，學習曲線是指以降低單位成本作為累積經驗的能力。研究人員研究數千種產品的學習曲線，數據顯示，對於中型公司而言，累積的產量加倍可以使單位成本降低大約 20％。[12] 因此，學習曲線的好處會產生更高的營業利益率。

一家公司不需要從學習曲線中受益就可以享有明顯的規模經濟好處，反之亦然。但是這兩者往往密切相關。如果你了解他們之間的區別，就更能明確的評價過去表現，並預測預期的變化。舉例來說，假設一家大公司因為規模經濟而降低成本，如果銷售金額隨後下降，單位平均成本就會增加。如果這家公司因為學習效應而降低成本，那麼隨著銷售金額下降，單位成本可能就不會增加。

　　與規模經濟相關的規模範疇概念與知識型企業尤其相關。當一家公司因為從事更多類型的活動而使單位成本降低時，就存在規模範疇。一個重要的例子是研發的外溢效果（spillovers），一項研究計畫產生的構想會轉移到其他計畫。舉例來說，輝瑞最初開發西地那非（sildenafil）來治療高血壓，但是發現它在引起勃起上更為有效，這導致熱銷的藥物威而剛（Viagra）誕生。研究類型的多樣化增加的公司，常常會比研究類型較少的時候更能為他們的構想找出應用方法。[13]

　　雖然規模經濟可能是預期修正的重要來源，但是我們的經驗顯示，規模效益往往可以拋開與其他企業的競爭，除了面對領先的實體產品型公司和服務型公司競爭以外。此外，一些領導廠商會選擇藉由降低價格來推動銷售與市場份額，將規模效應轉移給客戶。在贏家通吃的市場中，規模對知識型企業確實很重要。率先取得規模優勢可能很重要，而且往往會產生可觀的預期修正。

▌ 成本效率

　　我們剛剛探討取決於銷售成長的兩個價值要素：營運槓桿與

規模經濟。相較之下，成本效率是指降低跟銷售水準無關的成本。

公司可以藉由兩種基本的方法來實現成本效率。第一，公司可以在各種活動中降低成本，這意味著他們做相同的事情，但是效率更高。舉例來說，跨國個人護理公司金百利克拉克（Kimberly-Clark）啟動一項全球組織改造計畫，簡化一般管理費用和製造供應鏈來降低成本。

金百利克拉克預測這個計畫長期而言會節省 5 至 5.5 億美元的稅前費用。具體的措施包括解雇 5000 至 5500 名員工，並關閉 10 家製造工廠。為了達到節省成本的效果，這家公司從盈餘中扣除的稅前費用預計在 17 至 19 億美元之間，其中包括 15 至 17 億美元給員工退休金和遣散費的現金成本。[14]

服務型公司經常以實體基礎設施取代人員來節省成本。一個例子是零售銀行業（retail banking），隨著客戶花更少的時間與銀行行員互動，花更多時間在低成本的替代工具，像是自動櫃員機或行動銀行應用程式，使得每筆交易的平均成本大幅下降。這些節省的成本很快就顯示在更低的服務價格，因為大多數金融機構都可以提供這些服務。儘管如此，在領先採用者與落後採用者之間仍舊存在預期的機會。率先行動的公司可以保持技術曲線的領先地位，維持比競爭對手更低的成本，並享有比同行更高的獲利能力。

知識型企業主要是藉由減少員工人數來達到節省成本的效果。提供媒體服務的科技公司 Netflix 就是一個恰當的例子。2001年初，在網路泡沫破滅之後，這家公司擔心公司的財務生存能力，因此解雇大約三分之一的員工來節省現金。銷售金額持續成長，公司的「人才密度」增加，員工的人數更少，但人才更多，導致2002 年平均每名員工的銷售金額比 2001 年高出將近 1.5 倍。[15]

實現效率的第二種方法是重新配置生產活動。先進的半導體廠商超微半導體（Advanced Micro Devices, AMD）在 2008 年底宣布的改變就可以證明這點。超微半導體歷年來都是設計與製造公司的微處理器。但是長期下來，建造製造設備的成本急劇上升，使垂直整合變得愈來愈艱鉅。這個問題很嚴重，因為超微半導體比產業領導廠商英特爾還小，因此很難承擔這些成本。

超微半導體去除垂直整合的計畫在 2008 年啟動，將晶片設計業務從製造業務切開，製造業務現在是稱為格羅方德（Global-Foundries）的獨立公司。超微半導體的執行長德克‧麥耶爾（Dirk Meyer）說道：「這會使我們成為一個財務更為強健的公司……因為我們擺脫之前被迫承受的資本支出負擔。」[16] 資本支出從 2006 年的 19 億美元下降到 2011 年的 2.5 億美元，下降 85％。這家公司的目標是藉由重新配置生產活動來改善財務表現，與銷售無關。

如果一家公司降低執行生產活動的成本，或藉由重新配置本身的生產活動來降低成本，就可能存在預期機會。投資人應該尋找成本結構與所處產業不符的公司，價值鏈分析可能有助於揭露這些機會，或是說找出在不影響企業創造價值的情況下，在降低成本做得特別好的公司。對於這三種類型的公司來說，成本效率可能是價格隱含預期修正的重要來源。但是競爭會藉由降低銷售價格或其他客戶利益來減少成本效率帶來的好處，像是規模經濟。

▎投資效率

更有效分配資金的實體產品型企業會產生更高的股東價值。[17]當公司清楚知道如何以比較小的投資支出產生相同水準的稅後淨營業利益時，公司就實現投資效率，在給定的銷售水準上產生更高的自由現金流量。投資效率的價值因子對於資本密集型的企業特別重要。

經營零售和批發藥物業務的沃爾格林聯合柏茲公司（Walgreens Boots Alliance）就是一家藉由改造物流和補貨系統的計畫來提高營運資金效率的公司。這個舉動使這家公司顯著改善現金循環週期（cash conversion cycle，這是衡量一家公司將庫存投資轉換成現金流量的天數），從 2011 年財政年度的 34 天縮短到 2019 年財政年度的 3 天。庫存存貨週轉天數從 53 天減少到 32 天。在沒有影響公司銷售和營業利益前景的情況下，減少整體的營運資金投資需求。

全球營收最大的連鎖餐廳麥當勞提供一個說明固定資產投資可以增加價值的經典案例。麥當勞透過標準化、全球採購和購買力，在 1990 年初期大幅削減在美國的平均部門開發成本（表9.2）。值得注意的是，這些單位的預期銷售和營業利益率並未減

表 9.2　麥當勞各單位的投資金額

	1990	1991	1992	1993	1994
土地	$433	$433	$361	$328	$317
建築物	720	608	515	482	483
設備	403	362	361	317	295
平均成本	$1,556	$1,403	$1,237	$1,127	$1,095

資料來源：麥當勞公司
注：美國的平均開發成本，單位為千美元。

少。效率的提高直接轉換成更高的現金流量和股東價值。

投資支出模式是實體產品型企業另一個的重要考量因素。在成長緩慢的景氣循環產業裡競爭的公司，往往會在景氣高峰時超額支出，在景氣低谷時支出不足。投資人需要仔細監控這些企業的投資支出。中型與大型卡車的大型製造商帕卡公司（Paccar）在景氣循環的卡車市場中，在投資上非常有自律的配合景氣起伏。這家公司已經獲利超過 80 年，包括在 2007 年至 2009 年經濟大衰退期間。

對於改變資金分配原則的公司來說，預期的機會最有可能會實現。舉例來說，研究人員研究 37 家零售商，藉此確認股東總報酬的驅動因素。他們發現限制店面擴張、避免只帶來成長但不會產生經濟價值的投資的公司，會比追求成長的公司創造更高的報酬。他們認為「治癒成長上癮症」是創造股東價值的關鍵。[18]

重點整理

- 你不需要新規則來了解整個經濟格局中創造價值的來源。預期投資法的基礎知識對所有公司而言都夠強大。
- 儘管創造價值的經濟學並沒有改變，但是實體產品型企業、服務型企業與知識型企業等類型的特性會改變。

● 透過價值因子的面向來了解企業類型，可以幫助你預測
預期的修正。

PART 3

解讀企業訊號和
投資機會

第十章

併購

    併購（mergers and acquisitions, M&A）在塑造公司格局上發揮重要作用。高階經理人往往會冒著損失公司很大一部分市值的風險來期望競爭地位可以得到改善。併購與日常的資本投資不同，通常會像閃電一樣來襲，而且可能在一夜之間改變一家公司的策略和財務狀況。

    併購對投資人很重要有幾個原因。第一，併購活動如此普遍，遲早會影響大多數股票投資組合裡一大部分的股票。在截至2020年的25年間，每年的全球併購金額平均占股票市值的6%。其次，很少有公司的公告可以像重要併購案那樣快速或深刻的影響股價。最後，併購交易常會創造買賣機會，收購公司和出售公司的股東與其他投資人可以加以利用。

本章要探討併購提案對投資人帶來的機會和風險。我們首先要顯示收購公司如何在併購交易中增加價值，包括評估綜效的關鍵問題。接著我們會列出預期投資法的投資人在宣布一項併購交易後可以採行的適當分析步驟。這些步驟包括評估併購交易的潛在價值影響、解讀管理階層的訊號、預測股票市場初步的反應，以及在市場初步反應後更新分析結果。

收購公司如何增加價值

投資人、投資銀行家、公司和其他財經媒體成員用來評估併購效應最普遍的方法是看對每股盈餘立即的影響。[1] 他們認為使每股盈餘增加是好事，而讓每股盈餘稀釋是壞事。

事實上這並不是事實。圖 10.1 顯示對 2015 年和 2016 年完成的近 100 件併購交易進行詳細分析的結果。各列是根據公司宣布這項併購交易是否會增加或稀釋每股盈餘來對交易進行排序。右列顯示管理階層預期有 86％的併購交易會讓每股盈餘增加。

各行則顯示買方公司的股票在宣布併購交易那天所累積的超額報酬，這是股東總報酬與預期報酬的差額。中性反應定義為收益和損失在 100 個基點以內。

圖 10.1 每股盈餘效應和累積超額報酬

預期對每股盈餘的影響

	稀釋	中性	增加
負向	4	2	**45**
中性	3	0	15
正向	3	1	22

買家反應

資料來源：Maubousin, Dan Callahan, and Darius Majd, "To Buy or Not to Buy: A Checklist for Assessing Mergers and Acquisitions," *Credit Suisse Global Financial Strategies*, February 27, 2017.

　　第一行和中間那行顯示有大約四分之三的交易對於股東報酬有中性或負面影響。最底部那行顯示，在這個樣本中，只有四分之一的併購交易有正報酬，因為它們預期會創造股東價值。大約一半的併購交易預期會增加每股盈餘，但超額報酬還是負數。

　　只是狹隘的關注併購對每股盈餘的影響是既危險又簡化的做法，因為除了我們在第一章討論盈餘的所有缺點之外，併購還會帶來額外的問題。在兩家公司的經營沒有任何改善的情況下，併購交易會讓這兩家公司的每股盈餘成長。事實上，併購的計算方法可能會使收購公司產生更高的每股盈餘，即使合併後的公司總盈餘更低。

當買方使用股票來提供併購資金，而且買方公司的本益比大於賣方時，就會出現這種明顯不合理的情況。在這些情況下，每股盈餘會上升，但這絕對與價值創造無關。

要了解這是如何運作的，可以考慮假想的買方公司（Buyer Inc.）和賣方公司（Seller Inc.）引人注目的統計數字。在併購交易前，賣方公司的在外流通股數有 4000 萬股，每股交易價格 70 美元，市值為 28 億美元。買方公司的在外流通股數有 5000 萬股，交易價格 100 美元，而且提議以新股來交換賣方公司的所有股票。併購的報價是 100 美元，比賣方公司目前 70 美元的股價高出 30 美元。在併購後，在外流通股票有 9000 萬股，這是買方公司的 5000 萬股加上給賣方公司股東的新股 4000 萬股。我們假設這項併購沒有綜效，因此合併公司的盈餘只是兩家公司的盈餘加總。

買方公司目前的每股盈餘是 4.00 美元，然而，由於它從發行的新股中得到每股 10.00 美元的盈餘，因此它的每股盈餘會從 4.00 美元增加到 6.67 美元（總盈餘 6 億美元除以合併後的 9000 萬股），只因為它的本益比比賣方公司還高。反之亦然：如果賣方公司買下買方公司，會產生每股盈餘稀釋的效果，因為賣方公

	買家公司	賣家公司	結合
股價	$100	$100*	
每股盈餘	$4.00	$10.00	**$6.67**
本益比	25	10	
股數（百萬）	50	40	90
總盈餘（百萬）	$200	$400	$600

* 併購的報價

司的本益比比較低。不管是哪種情況，每股盈餘的改變都不能顯示合併是否會增加價值。

收購公司以高於資金成本的報酬率進行投資，從而在併購中創造價值。為了確認收購公司會創造多少股東價值，可以估計併購綜效的現值，然後減掉併購的溢價。溢價是收購公司提案的報價高於賣方獨立運作的價值金額。綜效是由兩家公司合併後產生的額外現金流量所創造的價值。這個公式很簡單，但是要產生綜效卻不容易。[2]

公式 10.1：

併購交易的價值改變＝綜效的現值－併購的溢價

收購公司願意為賣方獨立運作的價值支付溢價，因為收購公司相信它可以產生超過溢價的綜效。因為我們知道併購交易宣布時的溢價，因此我們需要確定綜效是否足以增加價值。[3] 預期投資法流程可以指引這樣的評估。

公司會針對幾乎所有併購交易的預期綜效來源和規模提供具體預測。為了評估一項併購交易有沒有可能增加價值，我們把管理階層對資金成本所產生的稅後綜效預測化成金額數字，並與其中的溢價進行比較。舉例來說，預期稅前可以節省 1 億美元，稅率為 20％，資金成本是 8％，換算出的稅後綜效價值為 10 億美元：〔1 億美元 ×（1 － 20％）〕/8％ ＝ 10 億美元。溢價低於 10 億美元，意味著買方預期會為股東增加價值，而溢價超過 10 億美元，意味著併購很可能會破壞價值。

評估綜效

有幾種方法可以判斷哪綜效預期會實現。我們首先轉向管理階層。你多相信管理階層的估計，很大程度上取決於他們的可信度。我們發現在很多情況下，管理階層估計的綜效並不足以抵銷併購的溢價。舉例來說，2008 年 7 月陶氏化學公司（Dow Chemical，現為陶氏公司〔Dow Inc.〕）同意以 74％的高溢價併購羅門哈斯公司（Rohm and Haas）。根據公司自己的數據，綜效的價值換算成現金後比溢價還低。因此，管理階層的財務預估無意中使股價馬上下跌 4%，而這是理所當然的

其次，研究顯示，管理階層更有可能實現成本綜效，而不是營收綜效。舉例來說，有項研究顯示，超過三分之一的公司達到他們預期的成本綜效，但是不到六分之一的公司實現預期的營收綜效。這顯示對營收綜效抱持懷疑看法是理所當然的。[5]

評估綜效的第三種方法是使用第三章介紹的預期的基礎架構，以及第四章討論的策略架構。預期的基礎架構是評估綜效的理想工具。當你從價值觸發因素轉向價值驅動因子時，有些符合邏輯的問題就會出現，包括：

銷售：

● 併購交易是否會使產品供給擴大、配銷通路擴大，或是經營的地域範圍擴大？

● 合併後的公司能否從已經進行的投資中獲得更大的營運槓桿？

● 公司是否有機會在原物料採購和行銷等領域獲得規模經濟？

成本面：

● 管理階層能否消除多餘的活動，包括銷售、會計、法遵
   和行政上的活動？

投資面：

● 併購交易能否提供資產重新配置的機會或特殊的資本管
   理技巧，使長期投資需求降低？

除了這些潛在的經營綜效之外，一項併購交易可能會產生較
低的稅負和融資成本。儘管所有收購公司都懷著最好的意圖要達
成交易，但是想要取得綜效很明顯是個挑戰。（請見頁 241〈收購
公司的負擔〉）

併購交易公布時該做什麼？

以下是當一項併購交易宣布時你會想要回答的幾個問題：

1. 這筆併購交易是否會對買方公司和賣方公司的股東產生重
   大的經濟影響？

2. 這筆併購交易是一種投機、營運考量、過渡性質、還是變

革性質？

3. 買家是否藉由選擇以股票支付這筆併購交易，而非以現金支付，來發出訊號？

4. 股票市場的初步反應可能是什麼？

5. 我們如何在市場初步反應後、但交易完成前更新我們的分析？

這些問題的答案會幫助你確認併購公告所帶來的預期機會。

評估併購交易的價值影響：股東風險值

一旦公司宣布一項重大的併購交易，兩家公司的股東群，以及其他感興趣的投資人，都需要評估併購交易可能對參與其中的股東有多重要？[6] 即使投資人沒有足夠的資訊來有自信的評估綜效，他們還是必須了解如果這個內含在溢價的綜效預期沒有實現，會對每家公司的股東產生什麼影響。拉波帕特和希瓦羅（Sirower）提出兩個簡單衡量綜效風險的工具。一個工具給收購公司股東，一個則給出售公司的股東。[7]

第一個工具是股東風險值（shareholder value at risk, SVAR®），

這是一個直接而有用的方法去評估收購公司無法實現目標綜效價值的風險。可以把它想成是一個「對你的公司打賭」指數（"bet your company" index）。它會顯示如果合併後的公司在併購後沒有產生綜效，收購公司的價值有多少比例會處於風險之中。

以現金併購的股東風險值簡單來說就是溢價除以收購公司在併購公告前的市場價值。這個想法很直覺：如果沒有綜效，收購公司付出的溢價就是把財富從公司股東手上直接轉給出售公司的股東手上。承諾的溢價愈大，收購公司把股東置於風險中的情況就愈大。

我們還可以用溢價比例乘以賣方公司的市場價值相對於買方公司的市場價值來計算股東風險值（表 10.1）。買方公司付給賣方公司的溢價比例愈大，賣方公司的市場價值相對於收購公司的市場價值愈大，股東風險值就愈高。當然，收購公司可能的損失甚至會超過溢價。在這些情況下，股東風險值會低估風險。

考慮一下我們上面假想併購交易的股東風險值數字。買家公司提議要付給賣家公司 40 億美元（每股 100 美元 × 4000 萬股）。溢價是 12 億美元（40 億美元 − 28 億美元）。買家公司的市值是 50 億美元（每股 100 美元 × 500 萬股）。在現金併購交易中，買方公司的股東風險值是 12 億美元除以 50 億美元，也就是 24%。

表 10.1　現金併購交易下的股東風險值

		賣方公司對買方公司的市值比			
		0.25	0.50	0.75	1.00
	20%	5.0%	10.0%	15.0%	20.0%
	30%	7.5%	15.0%	22.5%	30.0%
溢價	40%	10.0%	20.0%	30.0%	40.0%
	50%	12.5%	25.0%	37.5%	50.0%
	60%	15.0%	30.0%	45.0%	60.0%

因此，如果綜效沒有實現，買方公司的股票就有「冒」下跌 24% 的「風險」。

收購公司的負擔

自 1980 年代以來的大部分時間裡，收購公司的股價在併購交易宣布後立即下跌。* 在某些情況下，下跌只是情況變糟的預兆。市場對於併購宣布一貫的負面反應，反映出大家懷疑收購公司能否在達到綜效來證明溢價有必要的同時，還能維持企業最初的價值。證據還顯示，溢價愈大，收購公司的股價表現愈糟。為什麼市場會如此疑慮？為什麼收購公司會為股東創造價值如此傷透腦筋？

許多併購會失敗只是因為併購交易的條款設定的期望門檻太高。即使沒有併購溢價，收購公司和出售公司的股價都已經反映業績的改善。舉例來說，在標準普爾 500 指數中，非金融公司的經營績效水準在假設沒有改善的情況下，只占股價 60% 左右。對於快速成長的科技公司，這個比例通常會低很多。其餘的股價是基於預期當前表現和創造價值的投資所產生的改善。從這個角度來看，一項併購中，30% 至 40% 的溢價只會增加對大幅改善的預期。更重要的是，如果管理階層在併購後的整合期間從一些業務中移走重要的資源，資源被抽走的事業業績下降，可能很容易把被收購事業的業績成長所抵銷。

　　併購也很讓人失望，因為競爭對手通常可以複製併購交易的好處。當收購公司試圖以犧牲自身的代價來產生綜效時，競爭對手不會坐視不管。可以說，一項併購除非賦予一個持久的競爭優勢，不然不應該得到任何溢價。事實上，併購有時會使一家公司在面對競爭攻擊時更為脆弱，因為整合的需求會轉移管理階層的注意力。

　　併購還會創造機會給競爭對手去挖腳人才，同時組織的不確定性也很高。

　　併購可以是快速成長的路徑，但是它們需要預先全額付款才能在一段時間後受益。對研發、產能擴張或行銷活動的投資通常可以分階段進行。在併購上，財務時鐘從一開始就在整個投資中滴答作響。投資人希望看到即時績效成長這種讓人信服的證據並非毫無道理。如果他們不這樣做，他們會在進行任何整合之前，壓低公司的股價。

可比較的併購價格往往會影響併購的收購價格，而不是影響管理階層在哪裡、何時和如何達到實際的業績收益的嚴格評估。因此，支付的價格與可達到的價值可能沒有什麼關係。

撤銷一項出錯的併購可能也很困難，而且成本非常昂貴。在信用可能受損下，經理人也許會無止盡的撒錢，希望能用更多的時間和金錢來證明他們是正確的，使問題變得更為複雜。

---

* Jerayr Haleblian, Cynthia E. Devers, Gerry McNamara, Mason A. Carpenter, and Robert B. Davison, "Taking Stock of What We Know About Mergers and Acquisitions: A Review and Research Agenda," *Journal of Management* 35, no. 3 (June 2009): 469–502.

† 資料來源：Alfred Rappaport and Mark L. Sirower, "Stock or Cash? The Trade-Offs for Buyers and Sellers in Mergers and Acquisitions," *Harvard Business Review* 77, no. 6 (November–December 1999): 147–158.

買方公司如果提供賣方公司的股東股票，而不是現金，那麼它的股東風險值會比較低，因為股票併購交易會把部分風險轉移給賣方股東。要計算買方公司因為一項股票併購交易的股東風險值，你可以將溢價放在分子，然後除以賣方公司和買方公司合併的市值（包含溢價）。在這個案例中，12 億美元要除以 50 億美元加上 40 億美元，可以得出股票併購交易的股東風險值是13.3％：12 億美元 /（50 億美元＋ 40 億美元）＝ 13.3％。藉著計算買方股東擁有合併公司多少比例的股權，乘上全以現金併購的股東風險值，你還可以確認股東風險值是多少。在這種情況下，股東風險值是 55.6％（50 億美元 /〔50 億美元＋ 40 億美元〕）乘以 24％，也就是 13.3％。

股東風險值的幅度並不總是很明顯，因為併購交易的結構多變，而且交易公告通常只會說明股價的特定條件，而非溢價大小和買賣雙方的市場價值。但你知道如果股東風險值相對小，那麼這項交易對買方不太可能會有實質的經濟影響。相較之下，如果股東風險值很大，那麼這項交易就值得仔細分析。

第二個工具是股東風險值的變形，稱為風險溢酬（premium at risk）。這個衡量工具有助於賣方股東評估綜效沒有實現的風險。賣方的重點是，在買方發行的股票數量是確定的情況下，固定股票數量的併購報價中，風險溢酬的比例有多高。這個答案是指賣方占合併公司的股權有多少。以我們的例子來說，賣方公司股東的風險溢酬是 44％（40 億美元 /〔50 億美元＋ 40 億美元〕）。

如果沒有出現綜效，賣方公司的股東會得到 40 億美元的收購價減去 12 億美元溢價的 44％，也就是 34.67 億元。在沒有溢價的情境下，賣方股東每股會得到 86.67 美元（34.67 億美元除以 4000 萬），而不是併購交易公告提到的每股 100 美元。

風險溢價的計算是衡量風險相當保守的方法，因為它假設獨立經營的事業價值是安全的，而且只有併購才有風險溢酬。表 10.2 呈現 2019 年和 2020 年一些股票併購交易的股東風險值與風險溢酬。

風險溢酬顯示為什麼從賣方的角度來看，固定價值的併購報價比固定股票數量的併購報價更具吸引力。在固定價值的併購報價中，如果在股票過戶前，買方公司的股價下跌到讓承諾的溢價全部消失，那麼賣方公司的股東只會得到額外的股票。由於買方公司完全吸收賣方公司的風險溢酬，賣方公司的股價在收盤時沒有建立起產生綜效的預期，因此賣方公司的股東不僅得到更多股票，還得到風險更低的股票。相對來說，在固定股票數量的併購交易中，賣方公司的股東承擔併購交易公告後，買方公司股票下跌的部分風險。

表 10.2　2019 和 2020 年公告股票併購交易的
　　　　股東風險值和風險溢酬

收購公司	出售公司	溢價（%）	出售公司相對出售公司的市值比	現金併購的股東風險值（%）	收購公司的股權占比（%）	股票併購的股東風險值（%）	出售公司的的風險溢酬（%）
BB&T	SunTrust	6	0.71	4	57	3	43
S&P Global	IHS Markit	5	0.45	2	68	1	32
Salesforce.com	Tableau Software	42	0.08	4	89	3	11
Analog Devices	Maxim Integrated	22	0.37	8	69	6	31
Advanced Micro Devices	Xilinx	35	0.39	10	71	7	28

注：市值是指 2019 年和 2020 年股票交易時的價值

▌評估交易類型

　　專注於併購的財務專家彼得・克拉克（Peter Clark）和羅傑・米爾斯（Roger Mills）發現，成功的機率會根據他們認定的四種併購交易而改變。投機型的併購交易，也就是一個較弱的競爭對手賣給較強的競爭對手，大約有 90% 的時間會成功。營運考量的併購交易，也就是買賣雙方的營運模式類似，成功機率也高於平均水準。尋求建立市場份額的過渡性質併購交易成功率的變化非常大，因為買家往往必須支付可觀的溢價才能完成交易。最後一種是變革性質的併購交易，這是指買方要跳進不同的產業，這很少會成功。[8]

解讀管理階層的訊號

收購公司選擇以現金或股票來支付這筆交易，這會對投資人發出強而有力的訊號。就像股東風險值的分析顯示，收購公司的股東在現金併購交易上承擔所有的風險並取得所有的報酬。如果綜效沒有實現，那只有收購公司的股東會受到影響。另一方面，如果綜效超過溢價，他們就會取得全部的利益。而在股票併購交易中，賣方和賣方會共同承擔風險與得到報酬。

使用現金或股票的決策會發出一個訊號，這個訊號與收購公司意識到沒有達到預期綜效的風險有關。我們希望有信心的收購公司可以用現金來支付整個併購費用，這樣股東就不必把任何預期到的併購利益讓給出售公司的股東。但是，如果管理階層懷疑這筆交易可能不會達到所需的綜效水準，那麼我們可以預期這家公司會藉由發行股票來對這項賭注進行避險。以股票併購會藉由稀釋業主利益來減少公司股東的損失。

此外，如果管理階層相信新發行的股票被低估，那麼他們就不應該發行新股，因為這樣做會懲罰現有的股東。研究都發現，市場會把股票發行視為管理階層認為股票被高估的訊號，因為管理階層是一個能夠知道公司長期前景的群體。諷刺的是，同一批公開宣稱公司股價過低的執行長提到，他們應該使用現金來資助一項併購交易，不過要以那個價格發行大量股票來支付併購費用。行動勝於雄辯。市場對現金併購公告的反應比股票併購公告的反應更為熱切。[9]

以股票併購的報價會送出兩個潛在訊息給預期投資法的投資人：收購公司管理階層對併購缺乏信心，以及收購公司的股價被高估。[10] 原則上，如果一家公司有信心可以成功整合收購，而且相信它的股價被低估，那麼就應該一直以現金併購的報價來進行。現金併購的報價巧妙的解決價值評估問題，對收購公司而言，這可以解決公司認為自己的股價低於預期價值的評價問題，而對出售公司而言，則是解決收購公司真正價值不確定的評價問題。

然而，使用現金或股票的決定並非一直那麼簡單。舉例來說，一家公司可能沒有足夠的現金或債務能力來用現金收購。在這樣的情況下，管理階層也許會認為儘管發行低估的股票會產生額外的成本，這項併購還是會創造價值。或是出售公司也許因為稅務的理由而偏好收到股票。預期投資法的投資人並不會把現金或股票併購的報價視為是收購公司前景的明確訊號。

如果你擁有以股票方式收購公司的股份，那麼你會成為合併後企業的合夥人。因此，你跟收購公司一樣，對於實現綜效很感興趣。如果預期綜效不會實現，或是如果對於交易完成之後的發展讓人失望，你可能會損失買方提供的大部分溢價。

最終，出售公司的股東永遠不應該假設併購公布時換股的價格是併購交易結束日前後會實現的價值。早點賣出股票確實會限制你的曝險，但是這也會帶來成本，因為目標公司的股票在交割期間一般會低於併購價格，以反映併購交易無法完成的機率。[11]當然，打算等到在交割日結束後銷售合併公司股票的股東，在今天也不知道這些股票未來的價值。現在賣出，你就有可能賺不到該賺的錢，而如果太晚賣出，你有可能會在這段期間賠錢。

預測股市的初步反應

有了決定價值變化的基本公式，以及融資決策如何影響買賣雙方的知識，你就擁有預測股市對併購宣告的初步反應所需的一切。[12]

從併購的價值創造公式開始（公式 10.1），估計綜效的現值，並計算溢價。在評估綜效時，請考慮管理階層的財務評估。

一旦股票在併購公告後開始交易，你就可以藉由簡單的將買方公司的市值改變加上溢價，來推算市場預期的綜效。然後你可以判斷市場預期綜效的合理性。如果市場似乎高估或低估綜效，那麼你可能就會有投資機會。

市場初步反應以後

併購評估的最後一部分是在交易宣布和市場做出反應之後更新分析。這樣的分析能夠讓你判斷在併購公告後，收購公司和出售公司在現金和股票併購交易上的吸引力。

現金併購提案。就從一項現金併購提案後，買方股價改變的含義開始。舉例來說，假設併購公布後，買方公司的股價立刻下跌 10%（從每股 100 美元跌到 90 美元）。買方公司的股東隨著這樣的股價下跌，吸收一部份的股東風險值。這是沉沒成本。股東和其他投資人的相關考量是現在該怎麼做。你可以一個公式來更新公告前的股東風險值，來確認目前的綜效風險。

公式 10.2

$$目前的股東風險值 = \frac{溢價＋併購宣布後市場價值的改變}{併購宣布後的市場價值}$$

以我們的例子來換算價值：

$$15.5\% = \frac{12\ 億美元 － 5\ 億美元}{45\ 億美元}$$

分子是最初的溢價與買方公司的市場價值改變數字的總和。這是公告後股價暗示下注的綜效。在這個案例中，分子是 12 億美元的溢價減去 5 億美元的市值減少（股價下跌 10 美元乘上 5000 萬股）。7 億美元的差額代表持續持有買方公司股票的股東或其他以目前價格買進買方公司股票的投資人所面對的綜效風險。

5 億美元的跌幅也使放在分母的買方公司市值降至 45 億美元。目前的股東風險值 15.6% 已經低於併購公告宣布時的 24%，因為買方公司的股東已經吸收 5 億美元的股票下跌風險。因此，目前的股東風險值反映出目前股東與以今天的價格買進股票的股東剩餘的綜效風險。同樣的，市場對合併公告的良好反應會增加股東風險值，反映出續抱股票的股東與新股東承擔更大的風險。

另一方面，現金併購提案的出售公司假設不用承擔綜效風險，因為所有風險都由收購公司的股東承擔。當然，賣方確實面對買方無法付清併購報價的風險，這可能出於很多原因，包括無法取得融資，或是交易被監理機關阻擋。

固定股份的併購提案。讓我們轉向固定股份的股票併購交易。回想一下，股票併購交易的股東風險值是全以現金交易的股東風險值24％乘以買方公司在併購後擁有55％的新公司所有權，也就是13.3％。再次假設，在宣布合併之後，買方公司的股價從每股100美元下跌至90美元，就跟現金併購交易一樣，買方公司的股東已經承擔部分的綜效風險，因為股價下跌。因此，併購公告後的股東風險值下降至8.6％，也就是公告併購後現金併購提案的股東風險值15.6％，乘上買方公司在併購後擁有新公司55.5％的股權比重。

出售公司的股東擁有合併公司的股份只有45％，它們承擔買方公司同樣股份的股價下跌。以買方公司目前的股價計算，12億美元的溢價只有7億美元（也就是58.3％）依然處於風險中。這58.3％乘上併購後賣方公司擁有的44.5％股權，會得到26％的風險溢酬。出售公司的股東必須決定，他們是否願意讓26％的溢價冒著比已經承受的溢價損失風險還大的風險。

固定價值的併購提案。最後，讓我們考量固定價值併購提案下同樣的情況。如果買方公司目前的股價是 90 美元，收盤價也一樣，公司必須發行 4440 萬股，而不是 4000 萬股，來提供賣方股東 40 億美元的固定價值。因此，買方公司的股東只有合併公司 53％的股份。由於買方公司的股東承擔併購公布後股票下跌 10％的全部風險，因此併購公告後的股東風險值下降到 8.2％，也就是 15.6％的併購公告後現金併購的股東風險值，乘上合併後擁有的 53％股權。

在固定價值的併購提案下，出售公司的股東在交割期間不會承擔價格風險。事實上，買方公司的股價下跌愈多，出售公司股東在併購結束後承擔的綜效風險就愈小。隨著買方公司的股價下降 10％，從 100 美元下降至 90 美元，只有 58.3％的溢價（原先 12 億美元溢價中的 7 億美元）依然存在風險。乘上出售公司股東在合併公司占有 47％的股份，會產生 27.4％的風險溢價。同樣的，問題是出售公司的股東是否希望以超過 1/4 的溢價風險來對綜效下注。

併購為投資人提供潛在預期機會的豐富來源，他們可以解讀管理階層的訊號，並評估一項併購交易的經濟後果。雖然受人矚目的併購公告也許會很快從很多投資人的腦海中消逝，但是我們在本章呈現的工具可以讓你分析一項併購交易在公告時和公告後的影響。

重點整理

- 每股盈餘的改變並非判斷併購成功很好的指標。
- 收購公司增加的股東價值等於綜效的現值減去溢價。
- 股東風險值顯示收購公司股東下注併購成功時，股價有多少比例處於風險之中。
- 風險溢酬顯示出售公司的股東下注併購成功時，溢價有多少比例處於風險之中。
- 在現金併購中，收購公司的股東承擔所有的綜效風險，而在股票併購交易中，出售公司則會分擔綜效風險。
- 以股票併購的交易會送出兩個潛在的訊號給預期投資法的投資人：管理階層對併購缺乏信心，以及收購公司的股票被高估。
- 併購公告使收購公司的股價改變後，需要重新計算股東風險值，來確認可能的買賣機會。

第十一章
買回庫藏股

2000 年以來，買回庫藏股成為美國公司將現金還給股東最受歡迎的方式，讓發放股息的做法黯然失色，（表 11.1）[1] 買回庫藏股的做法也在全球持續成長。對全球買回庫藏股的大量研究得出的結論是，他們與長期積極超越股票報酬有關。[2] 儘管有這些證據，而且受歡迎的程度激增，買回庫藏股還是持續引發大量的爭議與混亂。[3]

在適當的情況下，買回庫藏股可以給預期投資法的投資人一個修正對公司前景預期的訊號。事實上，當經理人對公司前景的看法比市場隱含的情況更樂觀時，買回庫藏股是提高公司股價非常有效的方法。然而，這個訊號並不總是很清楚，因為買回庫藏股與利益有衝突，包括有些情況不會為續抱股票的股東增加價

表 11.1　S&P 500 的股息、買回庫藏股與股東總收益率

（單位：10 億美元）

	股息	買回庫藏股	股息＋買回庫藏股	S&P 500 的平均市值	股東總收益率（％）
1982	47	8	55	939	5.8
1983	50	8	58	1,118	5.1
1984	53	27	80	1,219	6.6
1985	55	40	95	1,359	7.0
1986	63	37	100	1,605	6.2
1987	65	45	110	1,723	6.4
1988	83	46	129	1,817	7.1
1989	73	42	115	2,132	5.4
1990	81	39	120	2,281	5.3
1991	82	22	104	2,510	4.1
1992	85	27	112	2,920	3.8
1993	87	34	121	3,161	3.8
1994	88	40	128	3,326	3.8
1995	103	67	170	3,967	4.3
1996	101	82	183	5,107	3.6
1997	108	119	227	6,591	3.4
1998	116	146	262	8,749	3.0
1999	138	141	279	11,129	2.5
2000	141	151	292	12,015	2.4
2001	142	132	274	11,089	2.5
2002	148	127	275	9,285	3.0
2003	161	131	292	9,197	3.2
2004	181	197	378	10,788	3.5
2005	202	349	551	11,272	4.9

2006	224	432	656	11,992	5.5
2007	246	589	836	12,799	6.5
2008	247	340	587	10,360	5.7
2009	196	138	333	8,890	3.7
2010	206	299	505	10,679	4.7
2011	240	405	645	11,408	5.7
2012	281	399	680	12,064	5.6
2013	312	476	787	14,619	5.4
2014	350	553	904	17,370	5.2
2015	382	572	955	18,072	5.3
2016	397	536	934	18,584	5.0
2017	420	519	939	21,045	4.5
2018	456	806	1,263	21,924	5.8
2019	485	729	1,214	23,893	5.1
2020	480	520	1,000	29,209	3.4
				平均	4.7

資料來源：Standard & Poor's; J. Nellie Liang and Steven A. Sharpe, "Share Repurchases and Employee Stock Options and Their Implications for S&P 500 Share Retirements and Expected Returns," *Board of Governors of the Federal Reserve System Finance and Economics Working Paper No. 99–59*, November 1999; FactSet.

值。

　　這章開發一個評估買回庫藏股計畫的指南。我們從我們主要的興趣開始，也就是在確定公告買回庫藏股時，提供一個可信的訊號來修改預期。我們會繼續呈現一條黃金法則，讓我們能用來評估所有的買回庫藏股計畫。最後，我們應用黃金法則來作為評估最常引用買回庫藏股的原因。

　　當一家公司宣布買回庫藏股計畫時，首先你必須確定管理階層是否提供一個可信的訊號，顯示市場應該修正預期。正如預期投資法的投資人會找到修正預期的理由一樣，公司經理人也是如此。

　　你需要重新檢視預期投資法的流程（第五章至第七章），來評估管理階層發出對價值驅動因子的市場共識預期過低的訊號強弱。一家公司的經理人為了為既有股東創造價值，最可靠的一個方法是從不贊同管理階層樂觀看法的股東手中買回股票。[4]

　　當管理階層發出股價被低估的訊號時，你必須確定哪些價值驅動因子的預期過低。我們建議重新檢視預期的基礎架構，以此作為揭開預期修正可能來源的系統性方法。作為指引，請考慮以下項目：

- 銷售：數量、價格與產品組合、營運槓桿、規模經濟
- 成本：成本效率
- 投資：營運資本與固定資本的支出效率
- 資本結構：債務與權益融資的組合

請注意我們增加了資本結構。公司有時會使用買回庫藏股來增加財務槓桿，這對投資人往往是有利的，因為這顯示出對未來產生現金流量的信心。[5] 合約上應該要支付的利息增加，也會限制一家公司以低於資金成本的利率來在投資多餘現金的能力。因此，財務槓桿可以降低代理成本，也就是管理階層和股東之間的利益衝突。[6]

但並非都是好消息。買回庫藏股計畫至少在兩種情況下是負面訊號。首先是買回庫藏股顯示出管理階層已經用盡所有可以創造價值的計畫。當一家公司的股價反映出對可以創造價值的投資項目的預期，而且決定把現金還給股東，而不是再投資到事業上時，你可以推論出市場對公司的商機預期過高。[7]

第二種情況是，當管理階層以買回股票來達到對外公告的財務目標，像是每股盈餘或股東權益報酬率，但這些財務目標與價值沒明確關聯的時候。在這其中的許多情況下，這家公司會因為營運表現不佳，轉而以財務工程來達到公司目標。[8]

黃金法則

我們已經開發出一個買回庫藏股的黃金標準，你可以使用這個通用的標準來評估買回庫藏股計畫的經濟吸引力：

一家公司只有在股價低於預期價值，而且沒有更好的投資機會時，才應該買回庫藏股。

讓我們來仔細分析這個法則。第一個部分：「一家公司只有在股價低於預期價值時才應該買回庫藏股」完全符合預期投資法流程。事實上，當管理階層以低於價值的價格買回股票時，他就是好投資人。如果管理階層評估的預期價值是正確的，那麼財富就從出場的股東轉移到續抱股票的股東。因此，對續抱股票的股東而言，每股的預期價值增加。這一點與管理階層要讓續抱股票的股東擁有最多股東價值的目標符合。

第二個部分：「沒有更好的投資機會」說的是一家公司的優先事項。買回庫藏股可能看起來很有吸引力，但是在事業上進行再投資也許是更好的機會。尋求股東價值最大化的公司首先是將資金分配給報酬率最高的投資。

這項黃金法則還有兩個值得注意的推論：

● **買回庫藏股的報酬率取決於市場低估這檔股票的程度。**

如果一家公司的股票交易價格低於估計的預期價值，而且出場的股東願意以那個價格賣出股票，那麼續抱股票的股東就會賺到超過資金成本的報酬。低估的價值愈多，續抱股票的股東得到的報酬就愈高。[9]續抱股票的股東報酬可以預期會等於資金成本除以股票價格對預期價值的比例。[10]舉例來說，假設一家公司的股東權益成本是8%，而且交易價格是預期價值的80%。8%除以80%，可以得到續抱股票的股東報酬率10%。經理人和投資人可以把它拿來跟其他投資的報酬率比較，並用相對吸引力來排序。這個公式也顯示以高於預期價值的價格買回庫藏股會產生比資金成本還低的報酬。

● **買回庫藏股可能比投資在這個事業上更有吸引力**。尋求建立長期價值的管理團隊了解到，他們應該把資金投注在所有有吸引力的投資項目。當一家公司沒有多餘現金或借款能力，而且必須部分或全部放棄在事業上創造價值的投資，來把錢用在未來的買回庫藏股計畫，就會產生一項挑戰。一家公司只有在買回庫藏股的預期報酬高過投資在事業上的預期報酬時，才應該買回庫藏股。[11]

我們現在有方法評估管理階層買回股票的決定。但即使管理階層的意圖完全正確，我們也必須判斷這個決策是否是對市場預期有正確的理解。還要意識到管理階層的過度自信。經理人幾乎總是認為公司的股票被低估，而且他們很少會完全了解到他們的股票所隱含的預期。歷史上充斥著相信股票低估而買回庫藏股的公司，結果只是看到公司事業的前景惡化，而且股價表現不佳。

　　讓我們花點時間來總結一下把現金還給股東的各種情況所造成的影響（表 11.2）。在我們的簡單範例中，公司價值是 10 萬美元，在外流通股票有 1000 股，因此股票的公平價值是每股 100 美元（$100 = $100,000/1,000）。這家公司決定要把 2 萬美元還給股東。第一點是公司在付錢之後的價值是 8 萬美元，無論這家公司以高於公平價值或低於公平價值的金額買回庫藏股或支付股息，情況都是如此。買回庫藏股不同的地方在於，賣出股票的股東和續抱股票的股東的費用。

　　以情境 A 為例，股票的交易價格是 200 美元，是公平價值的兩倍。在這個情況下，賣方會從每股超過公平價格的 100 美元中受益，而且續抱股票的股東價值會從每股 100 美元下降至每股 89 美元（$89 = $80,000/900）。財富會從續抱股票的股東轉移給賣出股票的股東。

表 11.2　賣出股票的股東和續抱股票的股東在不同情境下的費用

假設	基準	情境 A：假設以 200 美元買回庫藏股	情境 B：假設以 50 美元買回庫藏股	假設	情境 C：假設發放股利 20 美元
買回庫藏股總額		$20,000	$20,000	發放股利總額	$20,000
公司市值	$100,000	$80,000	$80,000	公司市值	$80,000
流通在外股數	1,000	1,000	1,000	流通在外股數	1,000
目前股價	$100	$200	$50	目前股價	$100
買回庫藏股後的股數		900	600		
每股市值	$100	$88.89	$133.33	每股市值	$80.00
				每股股利	$20.00
賣出股票的股東持股數量		100	400		
股價		$200	$50		
對賣出股東的價值		$20,000	$20,000		
續抱股票的股東持股數量		900	600	續抱股票的股東	$80,000
股價		$88.89	$133.33	股利	$20,000
對續抱股東的價值		$80,000	$80,000		
總市值		$100,000	$100,000	總市值	$100,000
賣出股票股東的股價增減		$100.00	（$50.00）		
續抱股票股東的股價增減		（$11.11）	$33.33		

在情境 B 中，股票的交易價格是 50 美元，是公平價值的一半。在這種情況下，賣出股票的股東得到公平價值的一半，而且續抱股票的股東價值從每股 100 美元增加至 133 美元（$133 = $80,000/600）。財富從賣出股票的股東轉移至續抱股票的股東。

在情境 C 中，這家公司支付股息，所有股東都被平等對待，除了他們欠稅的潛在差異之外。

這個簡單的例子還強調另一個重點。如果你擁有一家買回庫藏股公司的股票，那麼什麼都不做就等於做了一些事。這會使你增加公司的持股比例。你可以根據買回庫藏股計畫的規模來按比例出售股票來產生股利，這會留給你現金和一定比例的股權。

四個常見動機

我們現在來檢視公司提到買回股票的四個主要理由。特別是，我們希望把有利於續抱股票與不續抱股票的股東利益決策分開來，包括實際上會損害續抱股票股東利益的決策。我們正在尋找以黃金法則為指引的訊號。我們會解釋管理階層明顯違反規則的理由。

▌1. 向市場發出股價被低估的訊號

股票被低估的訊號是公司常提到為什麼要買回庫藏股最常見的理由。[12] 在接受管理階層對表面價值的評估之前，你應該考慮許多因素。

首先，公司可以宣布買回庫藏股，但不要去做。雖然美國的庫藏股執行率通常超過 75％，但是在美國以外國家的執行率低很多。[13] 如果一家公司宣布買回庫藏股，但之後發現內部有吸引力的投資機會，那麼不執行買回庫藏股計畫是合理的。但是公司可能會藉由宣告一個不打算完全執行的計畫來發出股價便宜的訊號。投資人應該要留意，已經宣布的計畫和已經完成的計畫不同。

一家公司可能會藉由選擇買回股票的方式來傳達買回庫藏股訊號的強度。公開市場買回股票是到目前為止最常使用的方法，這是公司跟其他投資人一樣，只在公開市場買回自家股票。公開市場買進有法律的限制，像是限制公司每天可以購買的數量，但是這個方法提供最大的彈性。[14] 另一方面，公開市場買進所傳達的管理階層信念訊號最弱，尤其是當買進的目的只是要抵銷股票紅利造成的股權稀釋的時候。

在荷蘭式拍賣（Dutch auction）中，管理階層會決定他們願意買回的股票數量、到期時間，以及價格範圍（通常比市價高）。股東也許會在這個範圍內拿出股票拍賣。從這個範圍的底價開始，公司會將完成這個計畫所需的累計股份數量相加。所有在結算價以下的股東都可以用結算價來賣出股票。

　　舉例來說，微軟在 2006 年 7 月宣布以荷蘭式拍賣收購價值200 億美元的股票。[15] 股票交易價格是 22.85 美元，買回價格區間在 22.50 美元到 24.75 美元之間。荷蘭式拍賣通常是強烈的訊號，微軟股價在宣布的隔天上漲 4.5%。

　　固定價格的收購提案是出現在管理階層提議在到期日前以固定價格買回一定數量的股份的時候。價格通常與市價相比有很明顯的溢價，而且公司一般會買回比例相當大的在外流通股份。股東可能會選擇賣掉股票，也可能不會賣掉。固定價格的收購提案很罕見，但過去它們都會給市場一個強力而正向的訊號。特別是當它們以債務來融資的時候。[16]

　　買回庫藏股時的環境也會影響訊號的解釋。特別是，有幾個因素會顯示出管理階層對於股票被低估的信念大小。[17] 首先是計畫的規模。在其他條件都相同下，公司要收回的股票流通量比例愈高，管理階層的信念就愈大。其次是相較於市價的溢價。可觀的溢價反映一種信念，那就是預期太低，以及願意根據這樣的信念採取行動。

內部管理人的股權相對較高更能使經理人和股東的經濟利益達成一致。因此，擁有相對較多股權的經理人更有可能把資金用來創造價值，而不只是把資金用來讓公司的規模達到最大。相關的情形是，在買回庫藏股計畫中沒有賣掉任何股份的經理人，會增加個人對公司成功的下注金額。這個行為會對市場發出一個正面的訊息。

你必須決定管理階層的決策過程是否包含價格隱含的預期，以確定管理階層正在發出一個可能性很高的股價低估訊號。實際上，很少有人會這麼做。就像我們會看到，與創造價值無關的因素有時會促成買回庫藏股的行為。

▋ 2. 管理每股盈餘

當管理階層宣布買回庫藏股，目的是要管理每股盈餘時，管理階層的反應和買回庫藏股的黃金法則可能會產生衝突。每股盈餘往往無法用來解釋公司價值，因為它們沒有考慮到資金成本，而且可以用替代的會計方法來計算（見第一章）。的確，研究顯示，因為買回庫藏股而產生的每股盈餘增加本身並不會為股東創造價值。[18]

　　然而，管理團隊堅持努力使短期每股盈餘達到最大，有時這樣做是犧牲股東價值最大為代價。[19]為什麼呢？首先，它們相信投資界會自動不加批判的應用目前的本益比來決定公司價值。在市場隱含長期現金流量的預期這個有說服力的證據下，這個看法是有問題的。其次，許多高階經理人的股權激勵制度有部分還是會與盈餘目標掛勾。雖然股權激勵制度在薪資激勵計畫中占據主導地位，但是經理人有時會試圖為了贏得短期盈餘的賽局，放棄在長期創造價值。

　　買回庫藏股會以兩種方式來促成盈餘的管理。第一，有些買回庫藏股計畫想要抵銷股權激勵制度稀釋的每股盈餘。在這種情況下，公司的目標是買回足夠的股份來保持在外流通股數固定。研究顯示，近年來超過三分之一的買回庫藏股計畫已經抵銷潛在因股票激勵制度而稀釋的每股盈餘。[20]

　　這種買回庫藏股計畫的動機沒有可靠的財務基礎。如果公司的股價高於預期價值，或是如果在這項事業中有更好的投資機會存在，顯然有違反買回庫藏股黃金法則的風險。買回股票來抵銷股權激勵制度稀釋效果的公司，也許不知不覺中會使續抱股票的股東所持有的股票價值降低。

公司也可以把買回庫藏股視為增加每股盈餘的第二種方式。每次一家公司宣布引人注目的庫藏股計畫時，《華爾街日報》等媒體幾乎都會刻板的重複提到這種想像的好處。這裡有個經典的名言：「買回庫藏股會使公司的股票數量減少、將獲利分攤給數量更少的股票上，因此，公司財報的每股盈餘增加比例會比單獨的獲利表現所顯示的每股盈餘增加比例還大。」[21]這種說法即使是在數學上都不正確，更不用說在經濟上很合理了。

買回庫藏股是否會增減每股盈餘，這是本益比倍數，以及公司以稅後利息收入或稅後新債務的成本來買回庫藏股的函數。更具體來說，當本益比的倒數（1/本益比＝益本比）比稅後利率還高時，買回庫藏股會使每股盈餘增加。當益本比低於稅後利率時，買回庫藏股會使每股盈餘減少。只根據對每股盈餘的立即影響來判斷任何投資的優劣，包括買回庫藏股，都是錯的。

舉個例子。假設三家公司（A、B、C）的現金餘額一樣是100美元，營業利益、稅率、在外流通股數和每股盈餘都相同，只有股價不同（表11.3）。

我們假設每家公司用100美元的現金餘額來買回股票。[22]A、B、C公司分別能夠買進10股、4股和2股。對A公司而言，益

表 11.3　買回庫藏股前的公司比較

	A 公司	B 公司	C 公司
營業利益	$95	$95	$95
利息所得（每 $100 利息 5%）	$5	$5	$5
稅前所得	$100	$100	$100
稅率（20%）	$20	$20	$20
淨利	$80	$80	$80
流通在外股數	80	80	80
每股盈餘	**$1.00**	**$1.00**	**$1.00**
股價	$10.00	$25.00	$50.00
本益比	10.0	25.0	50.0
益本比	10.0%	4.0%	2.0%
稅後利率	4.0%	4.0%	4.0%

本比比稅後利率高，對 B 公司而言，益本比跟稅後利率相等，C 公司則是益本比比稅後利率還低。

因此我們看到 A 公司的每股盈餘增加，B 公司的每股盈餘不變，而 C 公司的每股盈餘下降。（表 11.4）請注意，每股盈餘的改變與股價和預期價值之間的關係完全獨立。買回被高估的股票會增加每股盈餘，同時使持股續抱的股東價值減少，而買回低估的股票會使每股盈餘減少，同時使持股續抱的股東價值增加。

每股盈餘的增加或稀釋，與買回庫藏股是否有經濟意義無關。這是真的，因為本益比和利息所得（或費用）之間的關係會

表 11.4　買回庫藏股後的公司比較

	A 公司	B 公司	C 公司
營業利益	$95	$95	$95
利息所得（每 $100 利息 5%）	$0	$0	$0
稅前所得	$95	$95	$95
稅率（20%）	$19	$19	$19
淨利	$76	$76	$76
流通在外股數	70	76	78
每股盈餘	**$1.09**	**$1.00**	**$0.97**

決定每股盈餘的增加或稀釋，而股價和預期價值之間的關係則會決定買回庫藏股的經濟利益。

買回高估的股票，或是因為對每股盈餘的不利影響而避免買回價值低估的股票，都是對股東不利的融資。同樣的，認為買回高本益比股票絕對是壞事，或是認為買回低本益比股票絕對是好事是違反經濟推論的。預期投資法的投資人應該要持續關注股票價格與預期價值間的差距，而且應該要警惕主要或只是為了提高每股盈餘而買回股票的公司。

▌3. 有效的把現金還給股東

想要把現金還給股東的公司可以付股息或買回股票。哪種方法最合理，取決於對稅負、股價與預期價值間的關係等因素的考量。

美國付股息的公司比例趨勢看起來就像在坐雲霄飛車。在1970年代末期，有超過70％的上市公司付股息。到了2000年，這個數字下降到大約23％，只有在2018年反彈到36％。[23] 解釋這個趨勢的因素包括公司特徵的改變、還給股東現金的偏好，以及用買回庫藏股取代股利。在2000年網路泡沫高峰前的20年裡，上市公司的數量增加，這些公司有很多是年輕的公司，沒有獲利，而且把現金還給股東的能力有限。2000年以來，上市公司的數量減少，而且今天上市公司的平均壽命更大。這些比較老的公司一般會致力於把現金還給股東，但是有部分公司會用買回庫藏股來取代股息的發放。這就解釋為什麼股息數字沒有回到1970年代的水準。

由於稅負的作用與對續抱股票的股東有利或不利的影響，預期投資法的投資人應該要關心公司如何把現金還給股東。

我們先來看稅負的影響。與發放股息相比，買回庫藏股是把現金還給應繳稅投資人最有效的工具，因為它有遞延繳稅的能力。股東可以選擇保留股票，而不是賣掉股票，並延遲到賣出股票時才繳稅。此外，股東只要為了資本利得繳稅。因此，買回庫藏股比發放股息更有利，因為承擔稅負的時間可以自由決定，而且繳稅的金額較低。[24]

　　儘管買回庫藏股相對有稅負效率，但是預期投資法的投資人必須牢記買回庫藏股的黃金法則。當股票價格超過預期價值時，買回庫藏股會把價值從續抱股票的股東轉移給賣出股票的股東。而且即使買回庫藏股比發放股息更有稅負效率，你始終應該去問問自己，是否有比把現金投資在這家企業上更好的選項。

▌4. 增加財務槓桿

　　買回庫藏股是低財務槓桿的公司增加負債權益比最有效的方法。預期投資法的投資人應該要注意到這樣的發展，因為公司資本結構的重大改變可能會影響股東價值。適當水準的財務槓桿可以在利息支出的稅盾利益與財務困境的風險間取得平衡。

　　對於有獲利的公司來說，利息支出可以抵稅，因此創造一個寶貴的稅盾。在假設資本結構的永久改變是合理的情況下，你可以藉由將節省的稅負換成現金來估計稅盾的價值。只需要把節省的稅負（利息支出乘以邊際稅率）除以稅前的債務成本。[25]

在某個時點，財務困境的風險會超過債務的報酬。一家槓桿太高的公司也許無法履行合約承諾。財務困境很麻煩，會涉及大量的直接成本（像是法律和行政的破產費用）與間接成本（像是客戶和供應商的損失）。買回庫藏股來增加財務槓桿可能會導致股東價值合法的增加，儘管這通常是一次性的。但是不要忽視股票價格和預期價值之間的關係。一家股價高於預期價值的公司可能會找到比透過買回庫藏股成本更低的方法來增加財務槓桿。

預期投資法的投資人會一直快速注意到潛在預期修正的訊號。買回庫藏股提供這類訊號的主要來源。但是你必須謹慎的評估庫藏股的買回，因為很多公司會以無法在經濟審查上站得住腳的理由來買回股票。在評估買回庫藏股公告的好處上，買回庫藏股的黃金法是最可考的指南。

重點整理

● 自 2000 年以來，買回庫藏股已經超越配發股息，成為美國公司將現金還給股東最流行的方法。

- 買回庫藏股可能是一個重要的訊號，說明投資人需要修改公司的價值驅動因子。

- 你可能要仰賴以下的黃金法則來衡量所有買回庫藏股的公告：一家公司應該只在股價低於預期價值，以及沒有更好的投資機會存在的時候買回庫藏股。

- 公司為了買回股票所提出的四個主要理由：

- 向市場發出股票被低估的訊號

- 管理每股盈餘

- 把現金有效的還給股東

- 增加財務槓桿

- 投資人必須謹慎的評估管理階層買回股票的動機，這些動機通常是提供利益給沒有續抱股票的股東。

第十二章

把握投資機會

前幾章提供預期投資法所需的工具,顯示執行這個流程的方法,並提供架構來評估管理階層主要的資金分配決策。你已經擁有尋找預期錯配(expectation mismatch)情況所需的基礎,預期錯配就是超額報酬的來源。

我們數十年來教導這些概念給高階經理人、投資人和學生,已經提供給我們預期機會來源的概念。這裡有八個案例,其中預期投資法流程可能會增進可獲利見解的機率。

1. 用機率來看待機會、回饋與提示

預期投資法是指引你去尋找價格和預期價值間差距的流程。

思慮縝密的預期價值分析需要很好的投入要素，也就是各種價值觸發因素（一般是銷售成長）導致的情境所發生的機率，以及你可以使用預期的基礎架構來計算的結果。

當你認為市場無法辨識結果，或認為情況發生的機率過高或過低，那就會產生預期調整的機會。你可以藉由適當的工具和回饋來培養考量結果和機率的技巧。

過度精確是設定情境與它們發生機率常見的錯誤，這是指過度自信的認為自己知道未來如何開展。我們在第六章討論到這點。市場也可能無法時常反映特定結果的正確機率。你的目標是提出會正確修正情境的機率。這樣做可以創造機會去透過回饋來學習，並提供一個自然的提示去重新審視預期。

心理學家蓋瑞・克萊恩（Gary Klein）提出事前驗屍法（premortem）的構想。[1] 大多數人都很熟悉事後驗屍法，你可以從過去的錯誤中學習，以便在現在做出更好的決策。事前驗屍法把你帶到未來，並促使你思考目前決策可能出錯的原因。

舉例來說，一家考慮併購的公司可以召集一群資深領導人，假設他們會繼續這筆交易，然後讓每個人獨立寫一篇一年後的報導，解釋為什麼這筆交易會失敗。事前驗屍法的威力在於，他以開放的心態來看各種結果，來對抗過度精確的問題。

在考慮各種情境的可能性時，必須指定各種機率，而不是使用文字描述。舉例來說，與其說：「明年的銷售成長確實有可能超過 10％。」你應該說：「有 70％ 的機率明年銷售成長會超過10％。」使用機率來代替文字描述有幾個好處：

第一是人們會對常用的文字或詞語指定不同的機率。[2] 舉例來說，數千人會被要求對「確實有可能」加上一個機率數值，而且他們的回答會在 25％ 至 85％ 之間。

與其他人溝通的時候，含糊不清的措辭可能會產生問題，而且無論發生什麼事都會提供你心理掩護。如果明年的銷售成長確實超過 10％，你可能會說：「我告訴你這確實有可能。」如果事情沒有發生，你可能會說：「我告訴你這只是確實有可能而已。」

追蹤機率的預測和相關的結果也可以提供準確的回饋。身為積極投資人，想要成功，最終就是要賺到超額報酬。但股價變動是出名的雜亂，把投資的案例分解為機率和結果，可以讓你為你的評估評分。

目標是盡可能的校正。校正衡量的是你指定的機率和實際結果間的差距。你可以計算當某個人經過完美校正後說某件事發生機率 70％ 的情況，而且你會發現十次確實說中了七次。研究顯示，追蹤這些機率和結果可以提供有價值的回饋，讓預測人員能夠隨時間經過更好的進行校正。[3]

預期錯配是指價格與預期價值之間的差距，這是決定買賣股票的基礎。錯配意味著你的分析讓你相信某些與公司前景有關的訊息沒有反映在股價上。這種不同的看法是根據你開發出的機率和結果而得出。

如果你的理論按照預期發展，你應該會通過某些路標，確認你正走在正確的道路上。如果你相信全年的銷售成長超過 10%的機率有 70%，你應該會看到以那個頻率發生的成長率。這會顯示你的理論走在正軌上。

如果結果跟你預期的情況不同，路標也會創造明確的提示，讓你重新審視你的理論。回想一下，撤出部位的一個理由是否是你的分析失準，這是有可能發生的事。關鍵是要誠實的處理這個情況，而且將時間分配給最有前景的機會。

2. 評估總體經濟的衝擊

賓州大學心理學教授菲利浦・泰特洛克（Philip Tetlock）追蹤上千位預測政治、社會和經濟表現的專家，並在《專業政治判斷》（*Expert Political Judgment*）中把這些內容寫下來。[4] 泰特洛克發現這些專家的預測並沒有比你偶爾的預測來得更好，而且只比偶然了解情況的非專家預測好一點。他也發現，專家們的信心超出他們的能力。

使用預期投資法流程的投資人意識到，他們不太可能比專家做出更好的預測。因此，他們願意以開放的態度考量各種由總體經濟衝擊驅動的結果。這包括石油等關鍵大宗商品價格的急遽變化、颶風和地震等自然災害、通貨膨脹、地緣政治動盪，以及中央銀行政策的改變。

我們在第四章介紹產業地圖，提供預期投資法投資人了解產業動態，以及評估目前和未來獲利能力的方法。你可以使用它來衡量一項經濟衝擊對你正在研究的經濟、產業和公司的影響。蒙地卡羅法（Monte Carlo methods）可以讓你模擬很多可能的結果，是考量經濟衝擊影響的有用方法。

使用第三章描述的預期的基礎架構來評估總體變化如何影響三個價值觸發因素：銷售、營運成本和投資。然後仔細考量這些驅動因素會如何塑造六個價值因子：數量、價格與產品組合、營業槓桿、規模經濟、成本效率與投資效率。價值因子最終會導致價值驅動因子（銷售成長、營業利益率和投資增加率），讓你去評估預期。

2019 年冠狀病毒大流行在 2020 年席捲全球，可以很好的說明如何考量一項總體衝擊的影響。研究人員檢視市場在三個早期階段對疾病大流行的反應，從 2020 年初到 1 月 17 日是第一階段。接著是爆發階段，從 1 月 20 日到 2 月 21 日。最後階段的疾病高潮從 2 月 24 日持續到 3 月 20 日，並以那年的股市低點結束。[5]

食品產業，以及食品與藥品零售業的股票在疾病潛伏期與爆發期的報酬不佳，但隨著市場修正預期，承認危機的嚴重程度，而在疾病高潮階段的表現出色。飯店、餐飲業與觀光類股在早期有相對普通的報酬，但是隨著市場反應疾病大流行的災難，股價急遽下跌。所有的報酬都根據風險做出調整。

研究人員還發現，高負債公司的股票在疾病高潮期間的報酬比低負債公司的股票更差。飯店和航空業等固定成本較高的企業也往往有高於平均水準的財務槓桿。其中許多公司面臨生存威脅。另一方面，擁有大量現金餘額的公司，股票表現比較好，因為他們有能力度過難關。

沒有人知道未來會怎樣，但是預期投資法流程提供必要的工具，讓你考量各種總體經濟衝擊的影響。

3. 評估資深管理階層的變化

管理階層的改變，尤其是在股價表現不佳之後，就是重新檢視預期的好時機。[6] 當然，管理階層的改變可能是好事、壞事，或是沒什麼差別。但是他們提供一個機會去重新評估一家公司的經營表現、策略定位與資金配置政策，來尋找潛在的預期修正機會。

一家私募股權公司的創辦人威廉・索恩戴克（Will Thorndike）在《為股東創造財富》（*The Outsiders*）中講述八位執行長在職務任內帶來出色的股東總報酬率的故事。[7] 換句話說，當每個執行長接任時，期望都非常低。這群人的共同特徵包括強調資金配置、獨立思考，而且專注在創造長期價值。他們往往也善於分析，並在媒體前保持相對低調。這個教訓是在評估新管理團隊時，要確認重新設定市場預期的潛在改變。

在業務疲軟或興盛時期之後的轉變尤其值得注意。舉例來說，大衛・柯特（David Cote）在 2002 年 2 月接掌工業集團霍尼韋爾（Honeywell）。霍尼韋爾在 2000 年末以每股 55 美元與更大的工業集團奇異電器（General Electric）達成協議，要被奇異電器收購，但是這筆交易在 2001 年 7 月因為監管問題被取消。到柯特接掌時，失敗的交易和那年的經濟衰退把股價壓低至每股 35 美元。它的營運、策略和財務措施導致營業利益率提高 700 個基點，促使公司的股票在他 15 年的任期中輕易的跑贏標準普爾 500 指數。[8]

　　高層管理權的交接可能也是重新審視預期的機會。[9] 當傑克·威爾許（Jack Welch）在 1981 年成為奇異電器的執行長時，股票在過去十年中下跌四分之一。他迅速採取行動，重新調整公司的業務組合，並削減成本。這家公司還以達到或擊敗華爾街每季盈餘預估聞名，而這往往是藉由會計詭計來達成目標。威爾許精心挑選的接任者傑夫·伊梅特（Jeff Immelt）在 2001 年 9 月接任。奇異電器的股票報酬在威爾許任內幾乎是標準普爾 500 指數的四倍，而且大家的期望很高。

　　對奇異電器股價的高預期和糟糕的資金配置結合，導致伊梅特任期內奇異電器股票的股東總報酬率只有 8%，同期的標準普爾 500 指數總報酬率是 214%。

　　利用高階經理人的過往表現來預測新角色的績效可能是個挑戰。哈佛商學院組織行為學教授鮑瑞思·葛羅伊斯堡（Boris Groysberg）研究明星經理人加入新組織後的表現。離開奇異電器的高階經理人是個充滿啟示的案例。[10] 奇異電器在紐約克羅頓維爾（Crotonville）有自己的高階經理人發展中心，以提供最聰明的經理人最佳培訓而聞名。葛羅伊斯堡與合作的研究人員檢視到2001年結束的12年間，其他公司從奇異電器聘請來擔任執行長或董事長的20位高階經理人。這些經理人有一半去與奇異電器相似的企業。他們的技能可以移轉，而且這些公司經營良好。另外十個人則去了與奇異電器相當不同的公司。這些公司陷入困境。儘管奇異電器在訓練高階經理人上享有盛名，但是基本技能的錯配妨礙他們成功。

4. 判斷股票分割、發放股利、買回庫藏股和發行股票

2020年夏天，蘋果公司（1股分割為4股）和特斯拉（1股分割為5股）這兩家備受矚目的公司公布要分割股票，兩檔股票立即大漲。如果市場可以做個數學計算，就會知道這毫無意義，因為股票分割只是把股東價值除以更多在外流通的股票。吃一片切成八塊的披薩，並不會比吃同一片切成四塊的披薩吃到更多東西。

近期的研究顯示，股票分割確實會導致超額股東報酬，儘管

這種影響往往很短暫。[11] 有幾個理論說明為什麼會這樣。首先，配合本節的概念，股票分割是董事會充滿信心的訊號。另一個是股票分割會為股票創造更多流動性，流動性不佳的股票需要更高的預期報酬來補償持有人，因此流動性增加會降低溢價，並增加價值。[12] 不過，我們不建議把股票分割作為可觀預期差距的來源。

發放股利和買回庫藏股在對稅負、時機、股東在投資和股價進行嚴格假設下，會是相同的。不同的地方在於高階經理人對於發放股利和買回庫藏股的態度。他們認為維持發放的股利和資本支出一樣重要，但通常會認為，在為所有適當的投資提供資金之後，買回庫藏股是配置剩餘資金的手段。[13] 我們在數據中看到這點。與不穩定的買回庫藏股模式相比，一直以來支付的總股息相對比不穩定的買回庫藏股模式來得平穩。

發放股利還可以為預期投資法的投資人提供訊號。第一個訊號是股利改變與未來的獲利能力呈現正相關。[14] 如果董事會把支付股利視為一項準契約，這很合理，因為他們只有在對未來現金流量有信心才會做出這樣的承諾。但是這個訊號的證據是混合的。

發放股利也可能提供跟未來現金流量波動相關的訊號。[15] 決定發放股利或股利增加往往會比現金流量波動減少更早出現，而且股利減少往往可以預期波動性會增加。波動性的改變會影響資金成本，因此會影響股價。雖然學術界已經記錄下這些來自股利的訊號，但是他們很少強力到導致預期的調整，足以進行夠大的刺激行動。

買回股票和發行新股還可以提供投資人重新審視預期的理由。我們在第十一章提到，買回低估的股票會對續抱股票的股東增加價值。第十章強調，以發行股票募集資金來併購的企業買家，平均表現比用現金併購的買家來得差。

退一步來說，學術研究更廣泛的說明這點。發行股票往往與隨後的股東總報酬率不佳有關，而且買回股票會產生高於平均水準的報酬。[16] 預期投資法的投資人從了解這個模式中受益，即使高水準的發現並無法在任何情況下應用在任何特定的公司上。

實際上，來自資金配置的研究有個更廣泛的結論是，高資產成長率是預測未來異常低報酬很強力的指標，反之亦然。[17] 這是有道理的，因為一家公司很難在抓住資產成長的投資上花費大把資金，而且得到比資金成本高很多的報酬。就像一個基金經理人在投資組合的規模擴大時很難找到有吸引力的股票買進一樣，高階經理人也很難配置大量的資金。

5. 估計訴訟的影響

公司的行為有時可能會引發訴訟。備受關注的案例包括在 2010 年深水地平線（Deepwater Horizon）漏油事件後的英國石油和天然氣公司英國石油（BP plc）、某款汽車被揭露低排碳量造假的德國汽車製造商 Volkswagen，以及在申請破產前欺騙股東的美國能源公司安隆（Enron）。

研究顯示，被起訴的公司股價會出現負面反應。[18] 市值下降可能來自幾個來源。敗訴可能會產生罰款。例如英國石油最後付出大約 200 億美元來解決訴訟，這個金額超過罰款和清理費用。[19] 不過請注意，被告最後很少會付給原告要求的金額，而且許多公司都有保險來抵銷一些成本。

在計算股東價值時，必須把這些罰款增加的負債從公司價值中扣除。在某些情況下，它們可能會導致公司破產。舉例來說，鴉片類藥物羥考酮（OxyContin）的製造商普度製藥（Purdue Pharma）在與各州達成數十億美元的和解之後申請破產，這些州指控公司在鴉片成癮危機上發揮關鍵作用。

股價表現不佳也可能來自未來的現金流量下降，特別是如果引發訴訟的行為導致聲譽受損。舉例來說，Volkswagen 在排氣檢測造假被揭露後，有一段時間被禁止在美國銷售柴油車。

　　根據法律分析，預期投資法的投資人可能會認為市場高估或低估與訴訟相關的成本。將這個分析整合進預期投資法流程，對預期機會進行評估可以更有自信。

6. 捕捉外部變化：補貼、關稅、配額和法規

　　各個公司會採用一些策略來追求競爭優勢。這些優勢包括有能力用比競爭對手用更低的價格製造產品或服務，以及有能力以高於市場平均水準的價格來為產品或服務訂價。但是政府以補貼、關稅、配額和法規的形式進行干預，也可能會導致優勢轉移。這些干預措施已經內建在商業環境中。舉例來說，美國聯邦法規的法條有超過 18 萬頁。[20] 監理機關的干預改變，可能會重新塑造預期。

　　一個恰當的例子是政府威脅對某個特定的進口產品徵收關稅。從 2017 年到 2020 年間，美國威脅對中國、加拿大、墨西哥和法國的商品徵收關稅。在這些情況中，很多目標國家也回以課徵關稅來報復，使貿易受到阻礙。舉例來說，在 2019 年 12 月初，美國宣布對從巴西和阿根廷進口的鋼鐵和鋁課徵關稅，這讓

市場很意外，而且導致美國鋼鐵生產商的股價大幅上漲。

2020 年 11 月，加州的選民對第 22 號提案（Proposition 22）進行公投。通過這項提案，允許運輸公司和快遞公司可以繼續把駕駛歸類為獨立的承包商。否決這項提案意味著這些公司必須雇用這些駕駛，把他們視為正式員工，這會大大增加成本。契約工比正式員工有更多的彈性，包括可以選擇想要服務的公司，以及必須工作的時數。在第 22 號提案通過的消息傳出之後，Uber 和 Lyft 等大型運輸與快遞公司的股票大幅上漲。

對一個產業進行管制可以使較大的既有企業受益，因為遵守法規的成本會成為進入市場的障礙。以歐盟為了保護數據和隱私權而採用的法規為例，這項法規稱為一般資料保護法規（General Data Protection Regulation, GDPR），在 2018 年 5 月開始實施。

歐盟和美國公司遵守法規的成本估計超過 2800 億美元。雖然法規的目的是要限制 Google 的母公司 Alphabet Inc. 等科技巨頭的權力，但是很多比較小的公司缺少滿足一般資料保護法規所要求的資源。結果，Google 在競爭對手被犧牲的情況

政府干預與總體經濟衝擊一樣可能很難去預測。然而，投資人能會在情境分析中考慮他們的情況，使用預期的基礎架構來量化對股東價值的潛在影響。

7. 衡量賣出資產的影響

公司試圖創造價值的另一種方法是賣出資產，包括出售部門與分拆。賣出資產常見的動機包括當一家公司認為一項資產交給另一個人擁有時價值會更高的時候，以及當賣出資產可以讓母公司更加專注經營的時候。

研究顯示，對大多數公司而言，相對比例較小的資產創造大部分的價值。[22] 精明的資金配置者知道，無法與資金成本打平的企業或資產，對策略買家或財務買家而言可能更有價值。

當一家公司把低報酬的事業切開，而且收到比在公司內經營時更多的價值時，就是用減法來達到價值增加的效果。這家公司在規模減少的同時，增加了價值。

第十章提到，收購公司很難在併購中創造價值，因為它們承諾的溢價往往比想要實現的綜效來得高。併購會在整體上創造價值，但是常常會看到財富從收購公司的股東轉移給出售公司的股東。換句話說，總體來說，身為賣家比身為買家還好。

大多數公司的高階經理人都有想要成長的動機，因此不願縮減業務。而且有時會因為公司的業績不佳或財務狀況不穩定而被迫出售資產。但是對企業賣出資產進行研究所得出的結論是，平均來說會因此增加價值。[23] 分析還顯示，當一家公司按比例並以免稅為基礎把百分之百持有的子公司股份平均分給股東，也就是進行分拆時，對分拆出來的企業與母公司都會創造價值。

當執行長是位技巧熟練的資金分配者，認為公司的資產表現不佳時，可能就有很好的機會藉由賣出資產來創造價值。這種組合就為預期修正創造成熟的條件。

8. 應對極端的股價波動

有時你可能會看到持有的股票出現大幅虧損或獲利。這些虧損或獲利可能是因為營收公布所引起，其中真正的新聞往往在前瞻性指引（forward guidance）之中，或是有重要經理人辭職等驚人的消息。

這樣的大幅波動可能會引發強烈的情訊反應。如果你持有一家公司的股票，看到股價暴跌，你可能會感覺很沮喪、失望，甚至被誤導。針對決策進行的研究告訴我們，情緒激動時很難做出好決定。因此，在這些條件下，很難堅持預期投資法的紀律。

檢查表可以幫助你做出好決定。有兩種類型的檢查表。首先你完成一些任務，然後停下來確認是否已經徹底完成。舉例來說，飛機飛行員起飛前會做的工作。這樣的檢查表對於正常的預期投資法流程有幫助。

第二種適用於緊急情況或有壓力的情況。這裡你可以閱讀檢查表並按照上面的說法去做。舉例來說，如果飛機引擎在飛行過程中出現故障，飛行員會查閱這樣的檢查表。我們想要建立的是在股價大幅波動後可以指引我們做出決策的檢查表。

就從價格下跌開始。我們檢視超過 25 年的 5400 個公司股票在一天內相對於標準普爾 500 指數下跌 10 個百分點的案例。我們將這些股價下跌分為盈餘事件與非盈餘事件。[24] 然後我們衡量下跌前的三個要素：動能、估計市值與品質。[25] 增加更多要素會使參考類型的樣本規模減少，但是會增加觀測值間的相似性。最後，我們計算之後 30、60 和 90 個交易日後的平均超額報酬。

我們對超過 25 年來 6800 個單日相對上漲 10 個百分點以上的案例進行類似的分析，處理獲利比虧損更為棘手，因為我們必須消除因為併購而導致的上漲。[26] 對於股價下跌和股價上漲，動能不佳但估計市值有吸引力的買進訊號更為常見，而且對有正向動能，而且估計市值反應出高預期的股票，賣出訊號更為常見。

也就是說，這個分析對適當類別的平均報酬提供一個天真的預設。平均報酬只說明一部分的故事，因為每個類型都有個報酬分布，這意味著在某個特定情況下的超額報酬可能與平均情況不同。但是基準率有助於量化結果發生的機率，以及對於是否買進、賣出或持有股票提供指引。

重點整理

- 你必須準備好去因應總體經濟衝擊與其他外部變化，例如補貼、關稅或法規。預期的基礎架構有助於引導這樣的分析。你可以使用基準率來評估股價的大幅波動。

- 股票分割、股息政策的改變與股票發行或買回庫藏股等事件的公告，能提供應該修正預期的訊號。

- 管理階層的改變可能會是預期修正的重要催化劑，尤其是如果新領導階層專注在價值創造，而不只是專注在成長上的時候。

致謝

我們很感激摩根士丹利投資公司協成環球團隊（Counterpoint Global）為整個計畫提供資源和鼓勵。特別要感謝丹尼斯・林奇（Dennis Lynch）和克里斯帝安・修（Kristian Heugh）。湯瑪斯・康梅（Thomas Kamei）為其中一個案例研究提供寶貴的意見，奈特・金泰爾（Nate Gentile）在實習期間對達美樂比薩的案例研究進行的策略與財務分析也很有用處。

協成環球團隊的同事丹・卡拉漢（Dan Callahan）為本書很多部分做出巨大的貢獻，包括財務分析、圖型和表格的繪製，以及細心的編輯。丹擅長協作、反應靈敏，而且很勤奮。我們很感謝他的努力。

崔恩・葛瑞芬（Tren Griffin）閱讀初稿，並鼓勵我們加強訊息的說服力。

　　身為西北大學凱洛管理學院（Kellogg School of Management）的教職員，拉波帕特非常感謝這個充滿啟發的獨特環境所帶來的效益。而且，因為與小卡爾·諾貝爾（Carl M. Noble Jr.）在 1979年創辦阿爾卡集團公司（Alcar Group, Inc.）的關係，他在學習如何將股東價值從理論轉為組織的實際情況發揮重要作用。

　　莫布新 1993 年以來一直在哥倫比亞商學院的兼職教職員，他很感謝學校的教職員和行政人員的支持，特別是海爾布朗葛拉漢與陶德投資中心（Heilbrunn Center for Graham and Dodd Investing），以及多年來許多優秀學生的支持。這個版本的許多修訂都是受到與學生的互動所啟發。

　　書籍的作者很少有機會可以在 20 年後更新版本。雖然我們在這段期間合作很多計畫，但是進行本書第二版的修訂甚至比第一版還有趣。寫作是一個探索與發現的旅程，我們很感謝這趟旅程與學習的機會。

　　我們非常感謝哥倫比亞商學院的出版團隊，特別是協助我們的出版人員邁爾斯·湯普森（Myles Thompson），他從一開始就對這本書充滿熱情。助理編輯布萊恩·史密斯（Brian Smith）藉由出版流程堅定而有效的指引我們。知識工廠全球公司

（KnowledgeWorks Global）的班・柯斯塔（Ben Kolstad）是一位出色的編輯與製作夥伴。

多年來，我們從亞斯華斯・達摩德仁的研究成果中欣賞並學到很多東西，而且很高興他同意為這個版本撰寫推薦文。

最後，我們一如既往的得到家人的寶貴支持。阿爾福雷德要感謝妻子雪倫（Sharon）、兒子諾爾特（Nort）與米奇（Mitch），以及孫子伊拉娜（Ilana）與麥克（Mike）。麥可要感謝妻子蜜雪兒（Michelle）、岳母安德列拉・馬洛尼・夏拉（Andrea Maloney Schara）與他出色的小孩安德魯（Andrew）、艾列克斯（Alex）、瑪德琳（Madeline）和派翠克（Patrick）。

各章注釋

第一章 一切從股價開始

1. Warren E. Buffett, "Buy American. I Am." *New York Times*, October 16, 2008, https://www.nytimes.com/2008/10/17/opinion/17buffett.html?_r=0.

2. 我們假設投資人已經選擇好投資策略,反應出自己的風險承受度,這些投資策略會決定股票的曝險水準與持股中產業多元配置的程度。

3. Berlinda Liu and Gaurav Sinha, "SPIVA® U.S. Scorecard," *S&P Dow Jones Indices Research*, September 21, 2020.

4. 這個看法稱為專業悖論(the paradox of skill)。參見 Michael J.

Mauboussin, *The Success Equation: Untangling Skill and Luck in Business, Sports, and Investing* (Boston: Harvard Business Review Press, 2012), 53–58.

5. 一般來說，主動型基金經理人賺到的報酬比基準指數還低，主要原因出在收取的費用。參見 William F. Sharpe, "The Arithmetic of Active Management," *Financial Analysts' Journal* 47, no. 1 (January–February 1991): 7–9.

6. John C. Bogle, *Common Sense on Mutual Funds: New Imperatives for the Intelligent Investor* (New York: Wiley, 1999), 92.

7. Ben Johnson and Gabrielle Dibenedetto, "2019 U.S. Fund Fee Study: Marking Nearly Two Decades of Falling Fees," *Morningstar Manager Research*, June 2020.

8. Berkshire Hathaway Annual Report, 2000, 13, https://www.berkshire hathaway.com/letters/2000pdf.pdf.

9. Jack L. Treynor, "Long-Term Investing," *Financial Analysts' Journal* 32, no. 3 (May–June 1976): 56.

10. John Burr Williams, *The Theory of Investment Value* (Cambridge, MA: Harvard University Press, 1938), 186–191.

11. 研究證實，公告的會計方法改變如果會使財報盈餘改變，但現金流量不變時，股價並不會受到影響。

12. Investment Company Institute, *Investment Company Fact Book: A Review of Trends and Activities in the Investment Company Industry*, 61st ed., May, 2021, https://www.ici.org/system/files/2021-05/2021_factbook.pdf.

13. Alfred Rappaport, "CFOs and Strategists: Forging a Common Framework," *Harvard Business Review* 70, no. 3 (May–June 1992): 87.

14. John R. Graham, Campbell R. Harvey, and Shiva Rajgopal, "Value Destruction and Financial Reporting Decisions," *Financial Analysts' Journal* 62, no. 6 (November–December 2006): 27–39.

15. Frank J. Fabozzi, Sergio M. Focardi, and Caroline Jonas, *Equity Valuation: Science, Art, or Craft?* (Charlottesville, VA: CFA Institute Research Foundation, 2017). 基於 2015 年 CFA Institute Study 訪問將近 2000 位受訪者的結果。

第二章　市場如何評價股票？

1. 假設有人提供你一份合約，指定從今天起的一年後你會得到 1 萬美元。你今天應該為這份合約支付多少錢？當然，答案取決於你預期明年可以賺到的報酬率。如果相同風險的投資一年的報酬率是 5%，那麼你付出的金額不應該超過在複利 5% 的情況下，到年底等於 1 萬美元的金額。因為你知道明年的現金流量（1 萬美元）與貼現率（5%），你可以很容易的確定現值，或是說你應該支付的最高金額是 9524 美元：

$$現值 \times （1 + 報酬率） = 未來的價值$$

$$現值（1.05） = \$10,000$$

$$現值 = \$9,524$$

2. Neil Barsky, "Empire State Building to Be Sold to a Peter Grace Family Member," *New York Times*, October 31, 1991.

3. John C. Bogle, *John Bogle on Investing: The First 50 Years* (New York: McGraw-Hill, 2000), 53.

4. 為什麼要加回已取得的無形資產攤銷，而不是加回折舊，儘管攤銷和折舊都是非現金費用？折舊反應的是實質資產的磨損，因此被認為是營運費用是很恰當的做法。已取得的無形資產攤銷反應的是不同的會計處理方式。一家公司對取得客戶或建立品牌等無形資產所進行的投資都列為費用，並不是列為資產。只要攤銷已取得的無形資產。這些已取得的無形資產價值也會減損，但是因為一家公司為了補足這些資產所進行的投資被列為費用，我們不想要對這家公司做第二次的懲罰（第一次是透過攤銷，第二次則是透過在無形資產上的投資）。

為什麼要從營業租金費用中加回內含的利息費用？從 2019 年初開始，大多數的公司，不論是根據美國公認會計原則（GAAP）還是國際財務報告準則（IFRS）下的財報，都必須在資產負債表上反映大多數的租金費用。在一般公認會計原則下，整個租金費用，包含內含的利息，仍舊被列為費用。在國際財務報告準則下，租金支出被適當的分配到折舊和利息費用上。為了保持一致性，你必須把內含的利息費用加回營業所得中，以便計算稅後淨營業利益。

5. 你通常可以藉由查看資產負債表上的累計遞延所得稅（遞延所得稅資產與遞延所得稅負債的淨值）變化來估計帳面稅負和現金稅負之間的調整。

6. 請注意，我們並沒有調整營業利益來反應折舊費用，即使它是非現金項目。但是，由於我們從資本支出中扣除折舊，因此現金流量確實是一個「現金」數字。我們能夠藉由把折舊加回到營業利益，並扣除總資本支出，而非扣除投資增加量，來產生相同的自由現金流量。

7. Michael J. Mauboussin and Dan Callahan, "One Job: Expectations and the Role of Intangible Investments," *Consilient Observer: Counterpoint Global Insights*, September 15, 2020, based on Charles R. Hulten, "Decoding Microsoft: Intangible Capital as a Source of Company Growth," *NBER Working Paper 15799*, March 2010.

8. Michael Bradley and Gregg A. Jarrell, "Expected Inflation and the Constant-Growth Valuation Model," *Journal of Applied Corporate Finance* 20, no. 2 (Spring 2008): 66–78.

9. 舉例來說，對於不太可能持續經營的衰退公司而言，清算價值會是估計公司殘值最好的工具。

10. 這裡說明原因。假設一家公司的股東五年前投資的最初資本是 5000 萬美元。在接下來的五年裡，帳面價值從最初投資的 5000 萬美元成長到 7000 萬美元。然而，同時期的市場價值增加到 1 億美元。假設合理的投資報酬率是 9%。股東是否對 7000 萬美元帳面價值擁有 9% 的報酬率感到滿意，或者他們預期在 1 億美元的市場價值上賺到 9% 的報酬？投資人很顯然想要得到目前市值的報酬。

11. 並非所有公司會將利息費用從所得稅中扣除。對於銷售金額在 2500 萬美元以上的公司，「2017 年減稅與就業法案」（the Tax Cuts and Jobs Act of 2017）限制到 2021 年的利息扣除金額上限為稅前息前折舊攤銷前獲利的 30%。根據 2017 年的數字，這會影響羅素 3000 指數大約 15% 的成分股（不包括金融服務與房地產公司）。從 2022 年起，利息扣除上限為稅前息前盈餘的 30%。根據 2017 年的數字，這會影響羅素 3000 指數成分股 20% 的公司（不包括金融服務與房地產公司）。

12. 我們根據資產定價模型（capital asset pricing model, CAPM）來計算權益成本。儘管資產定價模型的有效性反覆受到質疑，但它仍然是最廣泛用來量化風險與報酬間關係的模型。批評者提供證據顯示，除了 beta 值以外的其他因素，像是公司規模、市價對帳面價值比率、獲利能力、資產成長與動能，都有助於我們了解預期的長期投資報酬。然而，沒有理論可以解釋這些結果。此外，還有證據顯示投資人使用資產定價模型。（舉例來說，參見 Jonathan B. Berk and Jules H. van Binsbergen, "How Do Investors Compute the Discount Rate? They Use the CAPM," *Financial Analysts' Journal* 73, no. 2 May 2017: 25–32.）我們承認圍繞著資產定價模型有很激烈的辯論，但不認為使用它成功使用預期投資法流程的核心。

13. 你可以藉由投資在廣泛代表整個股票市場的投資組合，把所有非系統性風險或個別公司的特定風險大幅分散。因此，市場對股票價格的訂價水準只是針對不可分散的市場風險或整體市場變動的系統性風險來獎勵投資人。Beta 值是衡量系統性風險的指標。

14. 這些模型通常假設一系列的現金流量與預測期間，而且使用現行市場價格來算出貼現率。有關股息模型與預期報酬的詳細討論，請見 Bradford Cornell, *The Equity Risk Premium* (New York: Wiley, 1999), chap. 3. 對於資金成本更廣泛的討論，請見 Shannon P. Pratt and Roger J. Grabowski, *Cost of Capital: Applications and Examples*, 5th ed. (Hoboken, NJ: Wiley, 2017).

15. Brett C. Olsen, "Firms and the Competitive Advantage Period," *Journal of Investing* 22, no. 4 (Winter 2013): 41–50.

16. Matt Krantz, "15 Companies Stockpile $1 Trillion In Cash (And Investors Want It)," *Investor's Business Daily*, March 3, 2021.

17. John R. Graham and Mark T. Leary, "The Evolution of Corporate Cash," *Review of Financial Studies* 31, no. 11 (November 2018): 4288–4344.

18. 在評估債券或特別股的價值時，請使用市場價值，而不是帳面價值。發行後的利率變化會導致市值與帳面價值背離。舉例來說，如果利率上升，那麼市值會低於帳面價值。如果你使用帳面價值，你就會高估債券和特別股的現值，因此低估股東價值。當利率下降時，情況會正好相反。你可以在《彭博》等財經網站找到公開市場交易的債券和特別股目前的價格。為了估計沒有公開市場交易的債券價值，請按照目前的市場利率對相同風險下債券所支付的利息進行貼現。

19. 如果退休基金沒有預先提存資金，資金不足的金額就會顯示在資產負債表的負債上，如果資金過多，則會顯示在資產項目上。

20. 我們以永續並有通膨法計算持續價值（見附錄的公式 2.7），預期的通貨膨脹率為 2%

$$持續價值 = \frac{稅後淨營業利益 \times (1+ 通貨膨脹率)}{稅後淨營業利益 \times (1+ 通貨膨脹率)}$$

$$= \frac{(18.12) \times (1.02)}{0.08 - 0.02} = \$308.04 \text{ million}$$

以 5 年期 8% 的資金成本率將上述的持續價值折現，會得到 2 億 963 萬美元。

21. 永續法的假設並沒有最初顯示的那麼激進，因為隨著現金流量變得更為久遠，它們的現值價值會相應變得更小。舉例來說，以 15％的貼現率來計算 1 美元的永續價值是 $1.00/0.15 = $6.67。以下是從 5 年到 25 年間每年 1 美元的年金現值：

年	年金現值	永久價值的比例
5	$3.35	50.2%
10	5.02	75.3
15	5.85	87.7
20	6.26	93.9
25	6.46	96.9

請注意，到了第 10 年，我們已經達到永續價值的 75％，而到了第 15 年則接近 90％。隨著貼現率增加，達到永續價值的時間會跟著減少。

22. 如果我們將永續法模型的貼現率從名目數字改為實質數字，那麼評估的價值就會等於永續並有通膨模型所產生的評估價值。舉例來說，假設實質的資金成本是 5.88％，預期通膨是 2％，名目資金成本是〔（1 ＋實質資金成本）（1 ＋預期通貨膨脹率〕－ 1。以這個例子來說，就是〔（1 ＋ 0.0588）（1 ＋ 0.02)〕－ 1，也就是 8％。現在假設預測期間最後一年，進行新投資前的現金流量是 1 美元。永續法計算的持續價值是 $1.00/0.08 ＝ $12.50。將永續模型從名目數字改為實質數字，

也就是將 1 美元除以 5.88％的實質資金成本，得到 17 美元的
持續價值，這與永續並有通膨模型所產生的價值相同。

第三章　預期的基礎架構

1. 公司財報與簡報。舉例來說，請參考 https://corporate.goodyear.
   com/documents/events-presentations/DB%20Global%20Auto%20
   Presentation%202016%20FINAL.pdf.

2. AnnaMaria Andriotis,"Another Challenge for Small Businesses:
   Higher Card Fees Could Be on the Way," *Wall Street Journal*,
   April 9, 2020.

3. Gustavo Grullon, Yelena Larkin, and Roni Michaely,"Are US
   Industries Becoming More Concentrated?"*Review of Finance* 23,
   no. 4 (July 2019): 697–743.

4. Michael E. Porter, *Competitive Advantage: Creating and Sustaining
   Superior Performance* (New York: The Free Press, 1985), 70–73.

5. 大衛・貝桑科（David Besanko）向我們提到，規模經濟也可
   能影響投資。舉例來說，一家製造公司的銷售量隨著時間經
   過而成長，這家公司可能有能力投資更大、更自動化的工廠，
   進而減少投資增加率。我們認為投資的規模經濟非常難評估，

而且在預期投資法中很少有重要性。因此，我們沒有把它們納入預期的基礎架構中。

6. David Besanko, David Dranove, Mark Shanley, and Scott Schaefer, *Economics of Strategy*, 7th ed. (Hoboken, NJ: Wiley, 2017), 292–295.

7. "Workday and Chiquita: Managing a Fast-Moving, Global Workforce," https://www.workday.com/content/dam/web/en-us/documents/case-studies/workday-chiquita-case-study-drove-down-costs.pdf.

8. Greg Ip, "Bringing the iPhone Assembly to the U.S. Would Be a Hollow Victory for Trump," *Wall Street Journal*, September 18, 2018.

9. 對於投資效率可能會導致超額報酬的例子，請參考 Baolian Wang, "The Cash Conversion Cycle Spread," *Journal of Financial Economics* 133, no. 2 (August 2019): 472–497.

10. 在這種情況下，我們保持所需的投資增加量固定不變。

11. **門檻毛利率**這個詞最早出自 Alfred Rappaport, "Selecting Strategies That Create Shareholder Value," *Harvard Business Review* 59, no. 3 (May–June 1981): 139–149.

12. 門檻毛利率的公式是對持續價值使用永續並有通膨法，公式如下：

$$門檻毛利率_t = \frac{(營業毛利率_{t-1})(1+通貨膨脹率)}{(1+銷售成長率_t)} +$$

$$\frac{[(銷售成長率_t)]/[(1+銷售成長率_t)](投資增加率)(資金成本+通貨膨脹率)}{(1-現金稅率)(1+資金成本)}$$

in 其中 t 是某個預期的年分。

第四章　如何分析產業與企業？

1. 關於這個主題更廣泛的討論，包括檢查表，請參考 Michael J. Mauboussin, Dan Callahan, and Darius Majd, "Measuring the Moat: Assessing the Magnitude and Sustainability of Value Creation," *Credit Suisse Global Financial Strategies*, November 1, 2016.

2. Bruce Greenwald and Judd Kahn, *Competition Demystified: A Radically Simplified Approach to Business Strategy* (New York: Portfolio, 2005), 52–53.

3. Orit Gadiesh and James L. Gilbert, "Profit Pools: A Fresh Look at Strategy," *Harvard Business Review*, 76, no. 3 (May–June 1998):

139–147; and Orit Gadiesh and James L. Gilbert, "How to Map Your Industry's Profit Pool," *Harvard Business Review* 76, no. 3 (May–June 1998): 149–162.

4. Michael Gort, "Analysis of Stability and Change in Market Shares," *Journal of Political Economy* 71, no. 1 (February 1963): 51–63.

5. Michael E. Porter, *Competitive Strategy: Techniques for Analyzing Industries and Competitors* (New York: The Free Press, 1980), 3–33.

6. David Besanko, David Dranove, Mark Shanley, and Scott Schaefer, *Economics of Strategy*, 7th ed. (Hoboken, NJ: Wiley, 2017), 186–211.

7. Sharon M. Oster, *Modern Competitive Analysis* (Oxford: Oxford University Press, 1999), 57–82.

8. Besanko et al., *Economics of Strategy*, 111–112.

9. Clayton M. Christensen, *The Innovator's Dilemma: When New Technologies Cause Great Firms to Fail* (Boston: Harvard Business School Press, 1997).

10. Christensen, *The Innovator's Dilemma*, 32.

11. Andrew S. Grove, *Only the Paranoid Survive* (New York: Currency/ Doubleday, 1996).

12. Larry Downes and Paul Nunes, "Blockbuster Becomes a Casualty of Big Bang Disruption," *Harvard Business Review Online*, November 7, 2013, https://hbr.org/2013/11/blockbuster-becomes-a-casualty-of-big-bang-disruption.

13. Frank Olito, "The Rise and Fall of Blockbuster," *Business Insider*, August 20, 2020, https://www.businessinsider.com/rise-and-fall-of-blockbuster.

14. Adam M. Brandenburger and Harborne W. Stuart Jr., "Value-Based Business Strategy," *Journal of Economics and Management Strategy* 5, no.1 (Spring 1996): 5–24.

15. Michael E. Porter, *Competitive Advantage: Creating and Sustaining Superior Performance* (New York: The Free Press, 1985), 36.

16. Joan Magretta, *Understanding Michael Porter: The Essential Guide to Competition and Strategy* (Boston: Harvard Business Review Press, 2012), 73.

17. Carl Shapiro and Hal R. Varian, *Information Rules: A Strategic Guide to the Network Economy* (Boston: Harvard Business School

Press, 1999).

18. W. Brian Arthur, "Increasing Returns and the New World of Business,"*Harvard Business Review* 74, no. 4 (July–August 1996): 101–109.

19. Shapiro and Varian, *Information Rules*, 117.

20. Daniel M. McCarthy, Peter S. Fader, and Bruce G. S. Hardie, "Valuing Subscription-Based Businesses Using Publicly Disclosed Customer Data,"*Journal of Marketing* 81, no. 1 (January 2017): 17–35.

21. Daniel M. McCarthy and Peter S. Fader, "How to Value a Company by Analyzing Its Customers," *Harvard Business Review* 98, no. 1 (January–February 2020): 51–55.

第五章　隱藏在股價中的預期

1. Warren E. Buffett, "How Inflation Swindles the Equity Investor," *Fortune*, May 1977, 250–267.

2. 亞斯華斯·達摩德仁的網站提供對資金成本的充分討論，還有很多補充工具，請參考 http://www.stern.nyu.edu/~adamodar.

3. 請 參 考 Merton H. Miller and Franco Modigliani, "Dividend

Policy, Growth, and the Valuation of Shares," *Journal of Business* 34, no. 4 (October 1961): 411–433. 市場隱含預測期間是在 T Alfred Rappaport, *Creating Shareholder Value: The New Standard for Business Performance* (New York: The Free Press, 1986). 以**價值成長期間**（*value growth duration*）的名稱來介紹。對市場隱含預測期間在股票分析中扮演的角色更詳細的討論請參考 Michael Mauboussin and Paul Johnson, "Competitive Advantage Period: The Neglected Value Driver," *Financial Management* 26, no. 2 (Summer 1997): 67–74. 這些作者將預測期間稱為**競爭優勢期間**（competitive advantage period）. 對於衰退率的討論請參考 David A. Holland and Bryant A. Matthews, *Beyond Earnings: Applying the HOLT CFROI and Economic Profit Framework* (Hoboken, NJ: Wiley, 2017).

4. Brett C. Olsen, "Firms and the Competitive Advantage Period," *Journal of Investing* 22, no. 4 (Winter 2013): 41–50.

5. Plantronics, Inc., Form 8-K, November 4, 2019.

第六章　辨識預期機會

1. Don A. Moore, *Perfectly Confident: How to Calibrate Your*

Decisions Wisely (New York: Harper Business, 2020).

2. J. Edward Russo and Paul J. H. Schoemaker, "Managing Overconfidence," *Sloan Management Review* 33, no. 2 (Winter 1992): 7–17.

3. Raymond S. Nickerson, "Confirmation Bias: A Ubiquitous Phenomenon in Many Guises," *Review of General Psychology* 2, no. 2 (June 1998): 175–220; and Chu Xin Cheng, "Confirmation Bias in Investments," *International Journal of Economics and Finance* 11, no. 2 (February 2019): 50–55.

4. Domino's Pizza, Inc., 10-K, 2019.

5. Steve Gerhardt, Sue Joiner, and Ed Dittfurth, "An Analysis of Expected Potential Returns from Selected Pizza Franchises," *Journal of Business and Educational Leadership* 8, no. 1 (Fall 2018): 101–111.

第七章　買進、賣出或持有？

1. 從一系列投資的預期價值到建構一個投資組合，比簡單選出預期價值最高的股票更為複雜。但是計算預期價值的投入要素在投資組合的建構中很有用處。請參考 Harry M. Markowitz,

Portfolio Selection: Efficient Diversification of Investments (New York: Wiley, 1959) 第六章。

2. Daniel Kahneman, *Thinking, Fast and Slow* (New York: Farrar, Straus and Giroux, 2011), 245–254.

3. Michael J. Mauboussin, Dan Callahan, and Darius Majd, "The Base Rate Book: Integrating the Past to Better Anticipate the Future," *Credit Suisse: Global Financial Strategies*, September 26, 2016.

4. 我們使用**超額報酬**（*excess return*）這個詞來描述個股高於資金成本的報酬。我們在整本書中都使用**優異報酬**（*superior returns*）這個詞來表示投資人的整體股票組合高於適當基準的表現。

5. 假設預期價值是 100 美元，目前的股價為 80 美元（預期價值的 80％），而且股權資金成本是 6％。今天 100 美元的預期價值以股權資金成本 6％的複利來計算，我們會得到從現在起兩年後的預期價值是 112.36 美元。如果股價從 80 美元在兩年結束時上漲到 112.36 美元，年化報酬率會是 18.5％，減去股權成本會產生 12.5 個百分點的超額報酬。

6. Richard H. Thaler, "Anomalies: Saving, Fungibility, and Mental

Accounts," *Journal of Economic Perspectives* 4, no. 1 (Winter 1990): 193–205.

7. Hersh Shefrin, *Beyond Greed and Fear: Understanding Behavioral Finance and the Psychology of Investing* (Boston: Harvard Business School Press, 2000), 214–218.

8. Klakow Akepanidtaworn, Rick Di Mascio, Alex Imas, and Lawrence Schmidt, "Selling Fast and Buying Slow: Heuristics and Trading Performance of Institutional Investors," *Working Paper*, February 2021, available at SSRN, https://dx.doi.org/10.2139/ssrn.3301277.

9. Daniel Kahneman and Amos Tversky, "Prospect Theory: An Analysis of Decision Under Risk," *Econometrica* 47, no. 2 (March 1979): 263–291.

10. John W. Payne, Suzanne B. Shu, Elizabeth C. Webb, and Namika Sagara, "Development of an Individual Measure of Loss Aversion," *Association for Consumer Research Proceedings* 43 (October 2015); and Christoph Merkle, "Financial Loss Aversion Illusion," *Review of Finance* 24, no. 2 (March 2020): 381–413.

11. Baba Shiv, George Loewenstein, Antoine Bechara, Hanna

Damasio, and Antonio R. Damasio, "Investment Behavior and the Negative Side of Emotion," *Psychological Science* 16, no. 6 (June 2005): 435–439.

12. 這個分析可以應用在要繳稅的投資帳戶，不可以應用在 401(k)s 等可遞延繳稅的帳戶。

13. 在我們寫到這裡的時候，美國聯邦的長期資本利得稅率最高是 20％。其他聯邦稅和州稅可能也適用，這使得考量稅負變得更為重要。

第八章　超越貼現現金流量

1. 感謝瑪莎·艾瑪倫（Martha Amram）幫助我們開發這些技術。

2. 對於想要學習如何辨識並評估實質選擇權的讀者，可以參考 Martha Amram and Nalin Kulatilaka, *Real Options: Managing Strategic Investment in an Uncertain World* (Boston: Harvard Business School Press, 1999); and Jonathan Mun, *Real Options Analysis: Tools and Techniques for Valuing Strategic Investments and Decisions with Integrated Risk Management and Advanced Quantitative Decision Analytics*, 3rd ed. (Dublin, CA: Thomson-Shore and ROV Press, 2016).

3. Nalin Kulatilaka and Alan J. Marcus, "Project Valuation Under Uncertainty: When Does DCF Fail?," *Journal of Applied Corporate Finance* 5, no. 3 (Fall 1992): 92–100; and Alexander B. van Putten and Ian MacMillan, "Making Real Options Really Work," *Harvard Business Review* 82, no. 12 (December 2004): 134–141.

4. 拋掉選擇權就很像是賣權。

5. 股息支出也會影響實質選擇權。我們忽略股息來簡化這個例子。

6. Richard A. Brealey and Stewart C. Myers, *Principles of Corporate Finance*, 5th ed. (New York: Irwin McGraw Hill, 1996), appendix 12–13.

7. 歐式買權（European call option）假定只有在選擇權到期時可以做出行使決策。美式選擇權（American options）假定在選擇權有效期間都可以做出行使決策。在沒有支付股息的情況下，歐式買權和美式買權的價值在這樣的情況下是相同的。

8. 淨現值 $= S - X = 0$ 意味著 $S = X$。因此，$S/X = 1$.

9. Steven R. Grenadier, "Option Exercise Games: The Intersection of Real Options and Game Theory," *Journal of Applied Corporate*

Finance 13, no. 2 (Summer 2000): 99–107.

10. 考慮過去的投資很重要，尤其是當一家公司投資在併購或合資企業的時候。大公司併購小公司通常不會增加價值，但是在範疇經濟的形勢下也許會有顯著的實質選擇權價值。請參考 Xiaohui Gao, Jay R. Ritter, and Zhongyan Zhu, "Where Have All the IPOs Gone?" *Journal of Financial and Quantitative Analysis* 48, no. 6 (December 2013): 1663–1692.

11. 查看選擇權價格和其他四個要素投入。使用價值評估公式來解出與選擇權交易價格一致的波動率水準。對於如何評估波動率，請參考 Amram and Kulatilaka, *Real Options*。對於使用這兩個方法來估計目前的波動率，請參考 www.ivolatilty.com。

12. 進入與核心業務完全不同事業的公司就是這種情況。

13. 這些是 2020 年 9 月的數字。

14. 由於現有企業所創造的預期價值並不足以解釋股價，這個模型必須藉由人為延長價值創造的時間來得到補償。

15. Josh Tarasoff and John McCormack, "How to Create Value Without Earnings: The Case of Amazon," *Journal of Applied Corporate Finance* 25, no. 3 (Summer 2013): 39–43.

16. 公司的經理人可以藉由說一個很好的故事來幫助進行這個流程。請參考 Aswath Damodaran, *Narrative and Numbers: The Value of Stories in Business* (New York: Columbia Business School, 2017).

17. George Soros, *The Alchemy of Finance: Reading the Mind of the Market* (New York: Wiley, 1994), 49.

18. 在二次發行股票的情況下,散戶在公司賣出新股票時提供資金。在以股票來併購的情況下,買家藉由發行新股來取得併購交易的資金。

19. Sanjeev Bhojraj, "Stock Compensation Expense, Cash Flows, and Inflated Valuations," *Review of Accounting Studies* 25, no. 3 (September 2020): 1078–1097.

第九章　綜觀經濟全貌

1. Feng Gu and Baruch Lev, *The End of Accounting and the Path Forward for Investors and Managers* (Hoboken, NJ: Wiley, 2016).

2. Sara Castellanos, "Nasdaq Ramps Up Cloud Move," *Wall Street Journal*, September 15, 2020.

3. Paul M. Romer, "Endogenous Technological Change," *Journal of*

Political Economy 98, no. 5 (1990): S71–S102.

4. Kai-Fu Lee, *AI Superpowers: China, Silicon Valley, and the New World Order* (Boston: Houghton Mifflin Harcourt, 2018), 22–26.

5. Carl Shapiro and Hal R. Varian, *Information Rules: A Strategic Guide to the Network Economy* (Boston: Harvard Business School Press, 1999), 179.

6. 有個相關的概念是臨界點（tipping point）。這個詞是指某個市場份額的水準，在這個水準上，未來會以更便宜的方式取得市場份額，導致單一公司或技術會勝過其他公司或技術。對某個產品而言，臨界點相當於達到關鍵多數，這是確保成功的市場份額水準。一個市場如果對產品類型的需求很低，而且有很高的規模經濟，那麼這個市場就很有可能達到臨界點。對產品類型的需求很低，意味著市場接受的不是正式的產品，就是一個擁有業界標準的產品。相較之下，像藥品這種知識型產業的標準化並沒有多大的意義。消費者需要各種解決方案來滿足他們的醫療保健需求。

7. 投資人必須先確認哪裡有網路效應很強烈的產業。當網路的參與者享有高度的互動與包容性時，往往會產生強大的網路效應。接下來，投資人必須找出最有可能把網路效應的好處轉換成股東價值的公司。

8. 詳細的討論請參考 Geoffrey A. Moore, *Crossing the Chasm: Marketing and Selling High-Tech Products to Mainstream Customers* (New York: HarperBusiness, 1991).

9. Goksin Kavlak, James McNerney, and Jessika Trancik, "Evaluating the Causes of Cost Reduction in Photovoltaic Modules," *Energy Policy* 123 (December 2018): 700–710.

10. Joseph A. DiMasi, Henry G. Grabowski, and Ronald W. Hansen, "Innovation in the Pharmaceutical Industry: New Estimates of R&D Costs,"*Journal of Health Economics* 47 (May 2016): 20–33.

11. 奧萊利汽車零件公司在 2020 年 9 月 10 日高盛零售會議（Goldman Sachs Retail Conference）上的會議記錄，https:// corporate.oreillyauto.com/cmsstati/ORLY_Transcript_2020-09-10. pdf.

12. David Besanko, David Dranove, Mark Shanley, and Scott Schaefer, *Economics of Strategy*, 7th ed. (Hoboken, NJ: Wiley, 2017), 70–73. 這個概念也是大家熟知的萊特定律（Wright's law.），請參考 Bela Nagy, J. Doyne Farmer, Quan M. Bui, and Jessika E. Trancik, "Statistical Basis for Predicting Technological

Progress," *PLoS ONE* 8, no. 2 (2013).

13. Besanko et al., *Economics of Strategy*, 66–67. 也可參考 Morton A. Meyers, *Happy Accidents: Serendipity in Modern Medical Breakthroughs* (New York: Arcade, 2007).

14. Kimberly-Clark Investor Presentation. Financial information as of December 31, 2019.

15. Reed Hastings and Erin Meyer, *No Rules Rules: Netflix and the Culture of Reinvention* (New York: Penguin Press, 2020), 4–8; and Netflix financial statements.

16. Ashlee Vance, "A.M.D. to Split into Two Operations," *New York Times*, October 6, 2008.

17. 回想一下，服務型企業和知識型企業花費大多數的投資，因此與這些投資相關的效率被視為是成本效率。

18. Marshall Fisher, Vishal Gaur, and Herb Kleinberger, "Curing the Addiction to Growth," *Harvard Business Review* 95, no. 1 (January–February 2017): 66–74.

第十章　併購

1. Bob Haas and Angus Hodgson, "M&A Deal Evaluation:

Challenging Metrics Myths," *Institute for Mergers, Acquisitions and Alliances, A. T. Kearney*, 2013.

2. 有時併購代表一種為了獲得競爭優勢，更為長期的全球策略中的一部分。重要的是，整體策略會增加讓人滿意的價值水準。在這種情況下，收購公司可能不會期望某個特定的收購會創造價值，但是這樣的收購可能是執行這個策略唯一可行的方法。這樣的收購並無法代表它的目的，相反的，它為未來創造價值的機會提供實質選擇權。不過，預期投資法的投資人應該要注意使用實質選擇權話術來將思考不周的併購或支付過多金額的併購合理化的執行長。對於很難創造綜效的詳細對策討論。請參考 Mark L. Sirower, *The Synergy Trap* (New York: The Free Press, 1997).

3. 當賣家公開交易時，市場價值是建構獨立價值的最佳依據。對於股票預期會被收購的公司而言，市場價值也許不是代表單獨價值特別好的指標。為了估計獨立價值，要從目前的市價中減去隱含在目前市價中的「收購溢價」（takeover premium）。

4. 更多陶氏化學公司的併購交易資料請參考 Michael J. Mauboussin, *Think Twice: Harnessing the Power of Counterintuition*

(Boston: Harvard Business Press, 2009), 7–8.

5. Scott A. Christofferson, Robert S. McNish, and Diane L. Sias, "Where Mergers Go Wrong," *McKinsey Quarterly* (May 2004): 1–6.

6. 這節的內容改寫自 Alfred Rappaport and Mark L. Sirower, "Stock or Cash? The Trade-Offs for Buyers and Sellers in Mergers and Acquisitions," *Harvard Business Review* 77, no. 6 (November–December 1999): 147–158.

7. Rappaport and Sirower, "Stock or Cash?," 156–158.

8. Peter J. Clark and Roger W. Mills, *Masterminding the Deal: Breakthroughs in M&A Strategy and Analysis* (London: Kogan Page, 2013).

9. Tim Loughran and Anand M. Vijh, "Do Long-Term Shareholders Benefit from Corporate Acquisitions?," *Journal of Finance* 52, no. 5 (December 1997): 1765–1790.

10. Pavel G. Savor and Qi Lu, "Do Stock Mergers Create Value for Acquirers?," *Journal of Finance* 64, no. 3 (June 2009): 1061–1097.

11. 以併購來套利的人願意承擔這些風險來換取股價與併購報

價差距的機會。因此，這種折價也是大家熟知的一種套利價差。

12. 雖然市場對合併公告的短期反映為交易可能產生的結果提供可靠的指標。但是後來看，市場評估可能會證明這是不正確的。研究顯示，市場評估是公正的。這意味著平均而言，市場對這筆交易既不會高估，也不會低估。我們可以將投資人的集體判斷視為買方與賣方股東對併購價值得客觀評估。換句話說，即時的股價反應是市場對這筆交易長期影響的最佳估計。請參考 Mark L. Sirower and Sumit Sahni, "Avoiding the 'Synergy Trap': Practical Guidance on M&A Decisions for CEOs and Boards," *Journal of Applied Corporate Finance* 18, no. 3 (Summer 2006): 83–95.

第十一章　買回庫藏股

1. 公司藉由內部產生現金流量、資產負債表上的現金，或是發行債務來為這些計畫提供資金。

2. Alberto Manconi, Urs Peyer, and Theo Vermaelen, "Are Buybacks Good for Long-Term Shareholder Value? Evidence from Buybacks Around the World," *Journal of Financial and Quantitative*

Analysis 54, no. 5 (October 2019): 1899–1935.

3. William Lazonick, "Profits Without Prosperity," *Harvard Business Review* 92, no. 9 (September 2014): 46–55. For a proper response, see Jesse M. Fried and Charles C. Y. Wang, "Are Buybacks Really Shortchanging Investment?," *Harvard Business Review* 96, no. 2 (March–April 2018): 88–95.

4. 就像華倫·巴菲特在 1984 年的波克夏海瑟威年報中寫到：「當擁有出色業務和良好財務狀況的公司發現股票在市場上的價格低於內在價值時，沒有什麼替代方案能像買回庫藏股一樣可以讓股東受益。」請參考 Berkshire Hathaway Inc., Letter to shareholders, 1984, https://www.berkshirehathaway.com/letters/1984.html.

5. Zicheng Lei and Chendi Zhang, "Leveraged Buybacks," *Journal of Corporate Finance* 39 (August 2016): 242–262.

6. Michael C. Jensen, "Corporate Control and the Politics of Finance," *Journal of Applied Corporate Finance* 4, no. 2 (Summer 1991): 13–34.

7. Walter I. Boudry, Jarl G. Kallberg, and Crocker H. Liu, "Investment Opportunities and Share Repurchases," *Journal*

of Corporate Finance 23 (December 2013): 23–38; and Mark Mietzner, "Why Do Firms Decide to Stop Their Share Repurchase Programs?," *Review of Managerial Science* 11, no. 4 (October 2017): 815–855.

8. Ahmet C. Kurt, "Managing EPS and Signaling Undervaluation as a Motivation for Repurchases: The Case of Accelerated Share Repurchases," *Review of Accounting and Finance* 17, no. 4 (November 2018): 453–481.

9. 公司和投資人常常會錯誤的把買回庫藏股的「報酬」與本益比的倒數等會計衡量標準聯想在一起。（錯誤的）邏輯思考是這樣：假設一家公司的市場共識預期是每股賺 1 美元，股價是 25 美元，因此本益比是 25 倍。所以這家公司每買回價值 25 美元的股票，就會得到 1 美元的盈餘。「報酬」是 4%（1/25）。錯誤在於，投資人無法可靠的把本益比和權益成本連結起來，因為這個倍數是一種簡略的表達，融合折現率以外的變數，像是銷售成長、營業利益率、投資需求和競爭優勢的持久性。

10. Alfred Rappaport, *Creating Shareholder Value: The New Standard for Business Performance* (New York: The Free Press,

1986), 96.

11. 再投資機會的範圍從相對高報酬到略高於資金成本的報酬。自然的，管理階層應該要更進一步審查低報酬的機會。然而，一些低報酬率的投資，像是環境控制的投資，可能會受到監管，因此不可避免要去投資。在你考慮不投資的後果之前，其他投資顯然會產生相對低的報酬。但是其他投資可能不會將其他產品或服務的收益完全納入報酬率的計算之中。

12. Alon Brav, John R. Graham, Campbell R. Harvey, and Roni Michaely, "Payout Policy in the 21st Century," *Journal of Financial Economics* 77, no. 3 (September 2015): 483–527.

13. Manconi, Peyer, and Vermaelen, "Are Buybacks Good for Long-Term Shareholder Value?"

14. 1982 年，美國證券交易委員會頒布 Rule 10b-18，為公開市場買回股票提供避風港與公司可以遵循的規則。在 1982 年以前，買回庫藏股的公司冒著被指控操縱股票的風險。避風港規則已經隨著時間的經過而更新，以因應市場的改變。

15. 請參考 "Frequently Asked Questions Provided by Microsoft Corporation to Employees" at https://www.sec.gov/Archives/edgar/data/789019/000119312506150261/dex995.htm.

16. Ranjan D'Emello and Pervin K. Shroff, "Equity Undervaluation and Decisions Related to Repurchase Tender Offers: An Empirical Investigation,"*Journal of Finance* 55, no. 5 (October 2000): 2399–2424.

17. Theo Vermaelen, "Common Stock Repurchases and Market Signaling," *Journal of Financial Economics* 9, no. 2 (June 1981): 139–183.

18. Jacob Oded and Allen Michel, "Stock Repurchases and the EPS Enhancement Fallacy," *Financial Analysts' Journal* 64, no. 4 (July–August 2008): 62–75.

19. John R. Graham, Campbell R. Harvey, and Shiva Rajgopal, "Value Destruction and Financial Reporting Decisions," *Financial Analysts' Journal* 62, no. 6 (November–December 2006): 27–39.

20. Bruce Dravis, "Dilution, Disclosure, Equity Compensation, and Buybacks," *Business Lawyer* 74, no. 3 (Summer 2019): 631–658.

21. Michael Rapoport and Theo Francis, "Share Buybacks Help Lift Corporate Earnings," *Wall Street Journal*, September 23, 2018.

22. 如果我們假設公司借錢來資助這項計畫，結果也是一樣。

23. Roni Michaely and Amani Moin, "Disappearing and Reappearing Dividends," SSRN Working Paper, July 2020, https://dx.doi. org/10.2139/ssrn.3067550.

24. 我們的說明都跟美國有關。其他國家有不同的稅負和政策。

25. 更複雜的方法，請參考 John R. Graham, "How Big Are the Tax Benefits of Debt?," *Journal of Finance* 55, no. 5 (October 2000): 1901–1941. 就像我們在第二章注釋 11 提到的，並非所有公司會將利息費用從所得稅中扣除。對銷售金額 2500 萬美元的公司來說，「2017 年減稅與就業法案」（the Tax Cuts and Jobs Act of 2017）限制到 2021 年，利息扣除金額上限為稅前息前折舊攤銷前獲利的 30％。根據 2017 年的數字，這會影響羅素 3000 指數大約 15％的成分股（不包括金融服務與房地產公司）。從 2022 年起，利息扣除上限為稅前息前盈餘的 30％。根據 2017 年的數字，這會影響羅素 3000 指數成分股 20％的公司（不包括金融服務與房地產公司）。

第十二章　把握投資機會

1. Gary Klein, "Performing a Project Premortem," *Harvard Business*

Review 85, no. 9 (September 2007): 18–19.

2. Andrew Mauboussin and Michael J. Mauboussin, "If You Say Something Is 'Likely,' How Likely Do People Think It Is?," *Harvard Business Review Online*, July 3, 2018.

3. Allan H. Murphy and Harald Daan, "Impacts of Feedback and Experience on the Quality of Subjective Probability Forecasts: Comparison of Results from the First and Second Years of the Zierikzee Experiment," *Monthly Weather Review* 112, no. 3 (March 1984): 413–423.

4. Philip E. Tetlock, *Expert Political Judgment: How Good Is It? How Can We Know?* (Princeton, NJ: Princeton University Press, 2005).

5. Stefano Ramelli and Alexander F. Wagner, "Feverish Stock Price Reactions to COVID-19," *Review of Corporate Finance Studies* 9, no. 3 (November 2020): 622–655.

6. Jerold B. Warner, Ross L. Watts, and Karen H. Wruck, "Stock Prices and Top Management Changes," *Journal of Financial Economics* 20 (January–March 1988): 461–492.

7. William Thorndike, *The Outsiders: Eight Unconventional*

CEOs and Their Radically Rational Blueprint for Success (Boston: Harvard Business Review Press, 2012).

8. Scott Davis, Carter Copeland, and Rob Wertheimer, *Lessons from the Titans: What Companies in the New Economy Can Learn from the Industrial Giants to Drive Sustainable Success* (New York: McGraw Hill, 2020), 119–151.

9. Davis, Copeland, and Wertheimer, *Lessons from the Titans*, 1–48.

10. Boris Groysberg, *Chasing Stars: The Myth of Talent and the Portability of Performance* (Princeton, NJ: Princeton University Press, 2010), 324–326.

11. Gary Smith, "Stock Splits: *A Reevaluation*," *Journal of Investing* 28, no. 4 (June 2019): 21–29.

12. Fengyu Li, Mark H. Liu, and Yongdong (Eric) Shia, "Institutional Ownership Around Stock Splits," *Pacific-Basin Finance Journal* 46 (December 2017): 14–40.

13. Alon Brav, John R. Graham, Campbell R. Harvey, and Roni Michaely, "Payout Policy in the 21st Century," *Journal of Financial Economics* 77, no. 3 (September 2005): 483–527.

14. Doron Nissim and Amir Ziv, "Dividend Changes and Future Profitability,"*Journal of Finance* 56, no. 6 (December 2001): 2111–2133.

15. Roni Michaely, Stefano Rossi, and Michael Weber, *Signaling Safety*, ECGI Finance Working Paper No. 653/2020, February 2020, https://dx.doi.org/10.2139/ssrn.3064029.

16. Kent Daniel and Sheridan Titman, "Another Look at Market Responses to Tangible and Intangible Information," *Critical Finance Review* 5, no. 1 (May 2016): 165–175.

17. Michael J. Cooper, Huseyin Gulen, and Michael J. Schill, "Asset Growth and the Cross-Section of Stock Returns," *Journal of Finance* 63, no. 4 (August 2008): 1609–1651. 至於非美國的結果，請參考 Akiko Watanabe, Yan Xu, Tong Yao, and Tong Yu, "The Asset Growth Effect: Insights for International Equity Markets," *Journal of Financial Economics* 108, no. 2 (May 2013): 259–263.

18. Matteo Arena and Stephen Ferris, "A Survey of Litigation in Corporate Finance," *Managerial Finance* 43, no.1 (2017): 4–18; and Amar Gande and Craig M. Lewis, "Shareholder-Initiated

Class Action Lawsuits: Shareholder Wealth Effects and Industry Spillovers," *Journal of Financial and Quantitative Analysis* 44, no. 4 (August 2009): 823–850.

19. Joe Nocera, "BP Is Still Paying for the Deepwater Horizon Spill," *Bloomberg*, February 4, 2020, https://www.bloomberg.com/news/articles/2020-02-04/bp-is-still-paying-for-the-deepwater-horizon-spill.

20. George Washington Regulatory Studies Center, "Reg Stats," https://regulatorystudies.columbian.gwu.edu/reg-stats.

21. Michail Batikas, Stefan Bechtold, Tobias Kretschmer, and Christian Peukert, *European Privacy Law and Global Markets for Data*, CEPR Discussion Paper No. DP14475, March 25, 2020, https://ssrn.com/abstract=3560282.

22. James M. McTaggart, Peter W. Kontes, and Michael C. Mankins, *The Value Imperative: Managing for Superior Shareholder Returns* (New York: The Free Press, 1994), 241.

23. Donghum "Don" Lee and Ravi Madhavan, "Divestiture and Firm Performance: A Meta-Analysis," *Journal of Management* 36, no. 6 (November 2010): 1345–1371.

24. Michael J. Mauboussin, Dan Callahan, David Rones, and Sean Burns, "Managing the Man Overboard Moment: Making an Informed Decision After a Large Price Drop," *Credit Suisse: Global Financial Strategies*, January 15, 2015.

25. 動能結合先前的股價變動與盈餘修正。估計市值反映現金流量模型中價格和價值之間的差距。而品質是用來評估一家公司的投資是否賺到高於資金成本的報酬。更詳細的資料，請參考 Mauboussin, Callahan, Rones, and Burns, "Managing the Man Overboard Moment," 18–19.

26. Michael J. Mauboussin, Dan Callahan, Darius Majd, Greg Williamson, and David Rones, "Celebrating the Summit: Making an Informed Decision After a Large Price Gain," *Credit Suisse: Global Financial Strategies*, January 11, 2016.

解讀市場預期

讓你從股價判讀中獲得超額報酬，
霍華‧馬克斯、《致富心態》作者摩根‧豪瑟推薦必讀

Expectations Investing: Reading Stock Prices for Better Returns, Revised and Updated

作者：麥可‧莫布新(Michael J. Mauboussin)、阿爾福雷德‧拉波帕特(Alfred Rappaport)｜譯者：徐文傑｜主編：鍾涵瀞｜特約副主編：李衡昕｜行銷企劃總監：蔡慧華｜視覺：木木、薛美惠｜印務：黃禮賢、林文義｜社長：郭重興｜發行人兼出版總監：曾大福｜出版發行：八旗文化／遠足文化事業股份有限公司｜地址：23141 新北市新店區民權路108-2號9樓｜電話：02-2218-1417｜傳真：02-8667-1851｜客服專線：0800-221-029｜信箱：gusa0601@gmail.com｜臉書：facebook.com/gusapublishing｜法律顧問：華洋法律事務所 蘇文生律師｜出版日期：2022年3月｜電子書EISNB：9789860763904（EPUB）、9789860763898（PDF）｜定價：480元

國家圖書館出版品預行編目(CIP)資料

解讀市場預期：讓你從股價判讀中獲得超額報酬，霍華‧馬克斯、《致富心態》作者摩根‧豪瑟推薦必讀/ 麥可‧莫布新 (Michael J. Mauboussin), 阿爾福雷德‧拉波帕特 (Alfred Rappaport) 作; 徐文傑譯. -- 一版. -- 新北市：八旗文化出版：遠足文化事業股份有限公司發行, 2022.03

344面；14.8×21公分

譯自：Expectations investing : reading stock prices for better returns, revised and updated ed.

ISBN 978-986-0763-83-6（平裝）

1.股票投資 2.投資分析 3.投資組合

563.53   111000773